CHIN MEYER

WARUM VERSCHWENDUNG WICHTIG IST

Seine besten Kolumnen aus dem **Berliner Kurier**

LAPPAN

VORWORT

Wenn Sie diese Zeilen lesen, halten Sie mein neues Buch in den Händen. Sie haben es dann entweder gekauft oder geliehen oder gestohlen oder geschenkt bekommen oder gefunden. Natürlich ist das Buch am wertvollsten, wenn Sie es selbst gekauft haben. Dann haben Sie eine wirtschaftliche Transaktion getätigt, Einsatz gezeigt und werden es lesen, schon um die Kohle nicht umsonst rausgehauen zu haben. Es bringt auch gutes Karma, ein Buch zu kaufen – Sie werden dann als Autor wiedergeboren! Und verbringen ein Leben hart am Rande des Existenzminimums ...!

Haben Sie das Buch nicht gekauft, sondern geschenkt bekommen oder geliehen oder gestohlen oder gefunden, grämen Sie sich nicht. Sie werden dann zwar nicht als Autor wiedergeboren (sondern als Zahnarzt oder Unterwäsche-Model), haben aber dennoch die Gelegenheit, das Buch zu lesen und sich an den entsprechenden Stellen zu amüsieren. Es steht Ihnen natürlich auch frei, sich die ganze Zeit während des Lesens, davor und danach, zu amüsieren – das ist die von mir favorisierte Variante. Denn das Leben ist so dermaßen absurd, dass man zwei Möglichkeiten hat: durchdrehen – oder lachen. Lachen ist die angenehmere Problembewältigung. Komiker bringen es auf die Formel: Humor = Schmerz + Zeit!

Das Ihnen jetzt vorliegende Werk ist, wie Sie unschwer merken werden, kein Roman! Es handelt sich um eine Auswahl von Kolumnen, die ich in letzter Zeit für den „Berliner Kurier" schrieb. Seit etwa zwölf Jahren habe ich das Vergnügen, dort zweimal die Woche eine satirische Kolumne zu verfassen, meist zu einem aktuellen Thema. Jetzt hat der Lappan Verlag mich gefragt, ob ich daraus nicht ein Buch machen möchte, und da ich ein großer Fan von Recycling bin ...

Das hat auch für Sie den großen Vorteil, dass Ihr Karma noch mal ein paar Punkte zulegt, denn Sie recyceln mit! Jetzt werden Sie vielleicht sogar als erfolgreicher Autor wiedergeboren! Diejenigen unter ihnen, die ebenfalls Kolumnisten sind (gut, das werden die wenigsten sein, aber möglich ist es ja) – diejenigen werden wissen, dass man einen Großteil des Schreibens damit verbringt, die Kolumne „auf Länge" zu bringen. Meistens ist so ein Artikel doppelt so lang wie er sein darf, und dann muss der ganze kreative Gedankenfluss noch mal gekürzt werden und wieder gekürzt und noch kürzer ... Es ist ein Schlachten kreativer Ideen, manchmal watet man knietief im Blut sterbender Gags. Und Sie dachten, der Job ist lustig!

Aber das Tolle an diesem Buch jetzt ist, dass diese Beschränkung wegfällt. Jetzt können Sie all das lesen, was ich bislang Platzproblem behaftet nicht sagen konnte! Und das Werk ist sogar bebildert! Echte Zeichnungen des begnadeten Karikaturisten Dirk Meissner. Und Orange ist als Farbe mit dabei – mal ehrlich, was kann man von einem Buch mehr erwarten?

„Wie kommt man nur auf solche krausen Ideen?", werde ich gern gefragt. Indem man Fragen stellt! Möglichst absurde Fragen, und dann gilt es, abzuwarten und auf den Kuss der Muse mit den noch absurderen Antworten und weiteren Fragen zu warten. Leider küsst die Muse einen nicht zu den Zeiten, zu denen man von ihr gern geküsst werden möchte, etwa um 11 Uhr morgens am Schreibtisch. Nein, häufig schlägt die Zicke in den frühen Morgenstunden zu – in den zu frühen Morgenstunden weckt sie einen aus dem wohlverdienten Schlaf mit nicht nur einem Kuss, sondern einer ganzen Knutscherei, einer kreativen Gedankenflut sondergleichen, die man gar nicht so schnell sortieren kann, zumal man wirklich todmüde ist und sich halb erschlagen im Bett wälzt, dabei die Gattin aufweckt, welche unwirsch fragt, was los ist. „Musenkuss", sag ich dann. „Wirf die Schlampe aus dem Bett!", heißt es daraufhin, und dann wird die Muse an den Schreibtisch geschleift, wo sie die Küsserei prompt einstellt und beleidigt an die Decke schaut ...

Fragen! Es geht immer um die Fragen – in der Komödie wie im Leben! „Wie dieser Apfel wohl schmeckt?" Damit soll die Menschheitsgeschichte laut Bibel begonnen haben. Fragen sind spannender als Antworten. Die Antwort ist quasi der Tod der Frage! Pfui! Stellen Sie Fragen! Je absurder, desto besser! Und Antworten sind nur dann gute Antworten, wenn sie zu weiteren Fragen führen!

In diesem Sinne hoffe ich, dass dieses Buch die eine oder andere Frage in Ihnen auslöst, und wenn es nur diese ist: „Hat Meyer eigentlich eine Komplett-Schacke?"

Viel Spaß!

INHALT

KAPITEL 1

GELD UND ANDERE KLEINIGKEITEN

Warum Prostitution Banken rettet 10

Wie wir den Staat entschulden 11

Wie Sie ans ganz große Geld kommen 13

Wo Sie jetzt noch eine sichere Bank finden 15

Warum es Geld jetzt für umsonst gibt 16

Warum Werbung uns reich macht 18

Paradiesische Aussichten 20

Warum Verschwendung wichtig ist 21

KAPITEL 2

REICH DURCH WIRTSCHAFT

Warum alte Drogen nicht immer gute Drogen sind 24

Warum der Geschirrspüler bald zum Mond fliegt 25

Slogans, die das Herz upwarmen 27

Das Hypo-Verbrechen 29

Die wahren Glücklichmach-Teesorten 30

Kiffen für Deutschland 32

Das Geheimnis der Coco Pops 33

Wer jetzt ein Konjunkturprogramm kriegt 35

Warum Geld für nix auch nicht so toll ist 36

Warum wir unbedingt wieder gute Konsumlaune
haben müssen 38

Wie wir den Euro retten 42

Warum Auftragsmord jetzt lukrativ wird 43

Warum wir Bargeld brauchen 45

Warum Elefantenkacke hilfreich ist 46

KAPITEL 3

DER REICHTUM DES POLITISCHEN HANDELNS UND NICHTTUNS

Wie wir die Truppe wieder fit machen 48

Warum Lotti zahlen soll 49

Dilemma des Islam 50

Was historisch zu Deutschland gehört 52

Warum die Tüten sterben 53

Warum wir mehr Überwachung brauchen 54

Warum die Mauer wieder kommt 56

Warum jetzt an Migrantentischen deutsch geredet wird . . 57

Warum Weihnachten eine islamische Verschwörung ist . . 58

Warum Deutschland so viele Waffen exportiert 60

Warum BER im Prinzip fertig ist 63

Warum unsere Kinder kaum was wert sind 64

KAPITEL 4

REICHTUM DES STAATES

Warum Uli Hoeneß die Welt rettet 66

Warum der Organhandel in der Schweiz erblüht 67

Warum wir europäisch bleiben sollten 68

Wie die Griechen Steuern zahlen 70

Wie sich Steuermentalitäten unterscheiden 71

Warum ein Schuldenschnitt für Griechenland eine
sichere Bank ist 73

Warum wir alle etwas Tröglitz sind 74

Warum alle zu uns wollen 75

KAPITEL 5

MENS SANA IN CORPORE SANO ET PECUNIOSUS

Wie Sie sich richtig pflegeversichern 78

Was man jetzt noch essen kann 79

Fury in der Pfanne 80

Was es in der EU-Kantine bald zu essen gibt 82

Wie man den perfekten Tag hat 83

Warum wir uns vor der Pflegemafia hüten sollten 84

Warum wir von Weihnachten abhängig sind 86

Warum Zucker nur Einstiegsdroge ist. 87

Warum Raucher nicht aussterben dürfen. 89

Warum die Work-Life-Balance unausgeglichen macht 91

KAPITEL 6

REICH UND DIGITAL

Wie wir WhatsApp besiegen 96

Warum wir Rechtswedler werden müssen 97

Warum Sie dringend ein Update brauchen 99

Wer die Eisbären rettet. 102

Das Tor zum Jenseits 103

Warum der Mann das Internet gemacht hat 104

Warum wir den Bankomaten fürchten sollten 107

KAPITEL 7

REICH UND SEXY

Wie man richtig loslässt 110

Wie Sie überleben 111

Der Überlebensirrtum. 112

Wie Sie Behörden in den Griff kriegen. 115

Warum wir unsere Hände trainieren müssen. 117

Wie mich die Nudel erschlug 119

Warum ich nicht mehr rumgackere 120

Wenn Affen mitfühlen 121

Wie wir uns noch besser vermarkten 122

Warum Berlin demnächst noch cooler wird. 124

Warum die Haie zu nett zu uns sind 125

KAPITEL 1

GELD UND ANDERE KLEINIGKEITEN

Warum Prostitution Banken rettet

Wir erinnern uns: Während der Finanzkrise wurden auf der ganzen Welt mit Steuergeldern – beziehungweise Staatsschulden, also den Steuergeldern unser Urenkel – Not leidende Banken gerettet, weil sie „systemrelevant" waren. Aber wie funktioniert überhaupt eine Bank? Und wie kann sie in die Krise geraten? Eine kleine Anekdote (die in einer ähnlichen Form auf einen englischen Ökonomen zurückgehen soll), mag das veranschaulichen:

Kommt ein Mann ins Hotel und sagt zum Gastwirt: „Ich hab mich mit meiner Frau gestritten und brauch ein Zimmer für die Nacht, muss aber noch mal kurz raus, um zu telefonieren. Hier haben Sie als Sicherheit 100 Euro!" Mit diesen Worten legt er einen Hundert-Euro-Schein auf die Theke.

Sobald der Mann draußen ist, rennt der Wirt so schnell er kann los und gibt die 100 Euro dem Bäcker, dem er sie noch für die Brötchenlieferung schuldet. Der Bäcker rennt seinerseits los und gibt die 100 Euro dem Müller, bei dem er Mehl kauft. Der Müller rennt los und gibt die 100 Euro dem Maler, der ihm jüngst die Mühle anstrich. Der Maler rennt zum Elektriker, der bei ihm ein paar Kabel verlegte. Der Elektriker rennt los und gibt die 100 Euro dem Tischler, der bei ihm die Werkstatt überholte. Der Tischler rennt zu seiner Raumpflegerin, der er noch 100 Euro fürs Putzen schuldet. Die Putzfrau rennt mit den 100 Euro zum Klempner, der bei ihr vor Kurzem ein Rohr verlegte. Der Klempner rennt in den Puff, verlegt sein eigenes Rohr und zahlt der Hure 100 Euro. Die Hure rennt los und kauft im Dessous-Geschäft für 100 Euro Reizwäsche, die sie als Arbeitskleidung absetzt. Die Dessous-Geschäft-Besitzerin rennt los und gibt die 100 Euro dem Wirt für die letzte Hotelübernachtung mit ihrem Liebhaber. Als der Hotelgast vom Telefonieren zurückkommt, liegt der 100-Euro-Schein wieder auf der Theke, und der Wirt lächelt unschuldig. „Ich brauch das Zimmer doch nicht," sagt der Mann und steckt den Schein wieder ein, „ich habe mich mit meiner Frau wieder vertragen. Stellen Sie sich mal vor, sie hat sogar Reizwäsche gekauft!"

Der Hotelwirt ist quasi die Bank. Dank des schnellen Handelns der Bank wurde mit einem 100-Euro-Schein, der eigentlich nicht ausgegeben wurde, ein Umsatz von 1000 Euro generiert und für den Staat eine Umsatzsteuer von 190 Euro erwirtschaftet. Eine Ehe wurde gerettet. Wir lernen: Eine Banken- und eine Ehekrise entstehen erst dann, wenn der Klempner nicht zur Hure geht!

Wie wir den Staat entschulden

Angesichts der trotz aller schwarzen Nullen da oben immer noch bedenklich hohen öffentlichen Schulden habe ich als Bürger beschlossen, dem Staat unter die Arme zu greifen. Folgenden Brief verfasste ich an den Finanzminister:

„Sehr geehrter Herr Schäuble,
mit Besorgnis nehme ich die hohe Verschuldung meines Landes zur Kenntnis. Da ich nur ungern Schulden habe, möchte ich zumindest den auf mich entfallenen Anteil begleichen. Würden Sie mir bitte Ihre Bankverbindung mitteilen und mir die Höhe meines Anteils nennen? Rein rechnerisch müsste er bei 80 Millionen Einwohnern etwa um die 25.000 Euro liegen. Wofür haben Sie die Tacken bloß rausgehauen? Sehe ich irgendwann eine Rendite, oder haben Sie sie komplett für Beamtenpensionen verblasen?

Wie ist diese gigantische Verschuldung überhaupt entstanden? Ich habe mal die Wahlprogramme der letzten Regierungen durchgeschaut. Keines davon enthielt Sätze wie: „Wir beabsichtigen, alle diese tollen, angekündigten Dinge, die wir dann doch nicht umsetzen, über eine massive Neuverschuldung zu finanzieren!" Wären Sie eine Bank, könnte ich Sie wegen des Verschleierns möglicher Investment-Risiken in Prospekthaftung nehmen.

Eigentlich wollte ich auch die Schulden meiner Frau und meiner Tochter begleichen. Die stellen sich jedoch quer. Meine Frau möchte das Geld für sinnvolle Investitionen, sprich Schuhe, reservieren und auf diesem Weg wirtschaftliche Impulse setzen. Meine Tochter fordert eine zukunftsfördernde

Die Angabe einer irdischen Referenz würde die Kreditbearbeitung etwas abkürzen ...

Infrastruktur-Investition in Form einer Komplettausstattung ihrer Klasse mit dem neuesten iPhone. Staatstragendes Bewusstsein ist eben nicht bei allen Menschen gleich stark ausgeprägt.

Hochachtungsvoll Ihr: Chin Meyer

P.S.: Krieg ich ne Spendenquittung?"

Wie Sie ans ganz große Geld kommen

Man braucht ein gewisses Maß an Skrupellosigkeit, um das ganz große Geld zu verdienen. Zum Beispiel muss man in ein Spielcasino gehen können, alles auf Rot setzen und die Casinoleitung gleichzeitig darüber informieren, dass man den Laden in die Luft sprengt, wenn Schwarz kommt. Das Problem: Man wandert in den Knast. Jedenfalls als Spielcasino-Zocker.

Als Stromkonzern allerdings kann man etwas Derartiges im ganz großen Stil durchziehen: Man lasse sich vom Steuerzahler eine Technik wie zum Beispiel die Atomenergie subventionieren, deren Risiken und Entsorgung noch nicht abschließend erforscht sind. Dann nutzt man diese Technik etwa 40 Jahre lang und verdient damit einen Haufen Schotter. Sobald klar wird, dass die Gefahren der Technik doch ziemlich erheblich sind und dass das mit der Entsorgung auch etwas teurer wird als vermutet, lagert man die Entsorgungskosten in einen Sonderfonds aus, in den man ein paar Rücklagen einzahlt, um dann weitere Risiken sowie Folgekosten wieder dem Steuerzahler zu überlassen.

Das Konzept kennen wir auch von den Banken, und es ist brillant! Ich habe das neulich mal zu Hause ausprobiert und meine Frau darüber informiert, dass ich in Zukunft nicht mehr daran dächte, den Müll runterzubringen. „Aha", sagt meine Frau, „und wie stellst du dir das mit dem Müll dann vor?" Daraufhin antwortete ich, dass ich das wirtschaftlich zu lösen gedächte, also wie ein Stromkonzern – ich wolle die Entsorgung des Mülls jetzt einer Bad Bank übertragen. Was denn eine Bad Bank sei, will meine Frau wissen. Das wüsste ich auch nicht so genau, erklärte ich, vermutete aber, dass es sich um eine Art Kurort handelt: Bad Kissingen, Bad Homburg – Bad Bank! Ein Luftkurort, in dem angeschlagene Finanzen sich

100 Milliarden sind 100 Milliarden... alleine, dass Sie fragen, beweist mir, dass Sie nichts verstanden haben...

davon erholen, dass sie im Prinzip nur hohle Luft sind. „Wer bringt denn jetzt den Müll runter?", will meine Frau wissen. „Na ja, von den Rücklagen, die ich gebildet habe, macht das jetzt ein externer Dienstleister", meine ich. Wie hoch diese Rücklagen denn seien? „200 Euro? Das reicht doch grade mal für zehnmal Raumpflegerin, wer macht das, wenn das Geld alle ist?" „Na, die Allgemeinheit", meine ich salopp, „also die Leute, die in der Wohnung wohnen, im Prinzip alle außer mir, denn ich bin ja meistens weg ...“

Wenn die Strombosse so was bei sich zu Hause ausprobierten, dann wüssten sie, dass ein Mann mit abgerissenen Eiern nicht wirklich überlebensfähig ist ...

Wo Sie jetzt noch eine sichere Bank finden

Seit der Zypern-Krise im Jahr 2013 („Gläubiger der Bank" mussten sich an den Rettungskosten beteiligen) ist klar, dass man als Bankkunde ein gewisses Risiko trägt. Dies erfordert ein Umdenken im Umgang mit Finanzinstituten und eine Klarstellung der Begrifflichkeit. Das Wort „Girokonto" wird ersetzt durch „hochspekulative Anlage" bzw. den Fachbegriff im Neudeutschen: „Cash Default Swap!“

Das sollten Sie beherzigen, wenn Sie das nächste Mal 20 Euro auf Ihr Konto einzahlen wollen. Sie sind kein Kunde, sondern Gläubiger. Machen Sie also mit der Bank einfach das, was die Bank auch mit Ihnen tun würde – eine Risikokalkulation: Bitten Sie die Bank um Kopien ihrer Steuererklärungen der letzten drei Jahre, aktuelle Gewinn-und-Verlust-Rechnungen sowie den Businessplan für die nächsten fünf Jahre. Eine Schufa-Auskunft wird natürlich auch fällig. Bitten Sie die Vorstände der Bank auf ein Gespräch zu sich nach Hause und lassen Sie sich deren Geschäftsmodell erläutern. Prüfen Sie dieses auf Nachhaltigkeit und ethisches Verhalten. Verlangen Sie Sicherheiten, und lassen Sie vorsichtshalber das eine oder andere Vorstandsgehalt pfänden. Sie wollen zwar nur 20 Euro einzahlen, aber bei erfolgreicher Tilgung seitens der Bank sind Sie eventuell bereit, noch mehr zu investieren. Falls die Bank in Zahlungsverzug gerät, drohen Sie damit, „den Laden dichtzumachen", „die Sicherheiten einzufordern" oder „den Geldhahn komplett zuzudrehen".

Wenn die Bank sich weigert, auf diese Bedingungen einzugehen, erklären Sie gutmütig, dass Sie ihr Geld auch auf eine völlig sichere Bank bringen können. Eine Parkbank! Dort sitzen Sie und verzehren gemütlich den Wein und das Picknick, das Sie für die 20 Euro erstanden haben.

Merke: Was Du heute lustvoll konsumierst, wird morgen nicht mehr verzockt!

Warum es Geld jetzt für umsonst gibt

Lassen Sie doch einfach Ihr Geld für sich arbeiten!" Das war vor ein paar Jahren der gängigste Anlageberaterspruch.

Deshalb habe ich mir jahrelang vorgestellt, dass hinter dem Bankautomaten, an dem ich meinen 50-Euro-Schein einzahle, ein kleiner Azubi steht, der das Geld entgegennimmt und damit in einen kleinen Raum im Keller der Bank rennt, an dessen Tür mein Name steht. Sobald der Geldschein in der Kammer mit meinem Namen drauf ist, zieht er sich einen schmutzigen Overall über, geht am gegenüberliegenden Ende der Kammer in einen kleinen Gang, der in einen Berg hineinführt, und haut dort mit einer Spitzhacke Gold aus dem Felsen. Und beim Arbeiten kriegt er Nachwuchs und vermehrt sich. Oder jemand bezahlt mein Geld für seine tolle Arbeit. So vermehrt sich das Geld in dem kleinen Raum mit meinem Namen drauf. Und wenn ich dann wieder am Bankautomaten stehe, dann läuft der Azubi ganz flink zu dem Raum, holt meinen Geldschein wieder raus und füttert ihn auf der anderen Seite des Automaten in den Schlitz, und dann habe ich ihn wieder. Und der Geldschein ist ganz froh, dass er sich eine Weile von der vielen Arbeit ausruhen kann.

Aber so ist das leider überhaupt nicht. Im Gegenteil. Mein Geld hat mir neulich allerdings sehr deutlich signalisiert, dass es total müde ist und überhaupt keine Lust mehr zum Arbeiten hat. Und mein Geld ist da nicht allein. Deshalb macht die EZB seit ein paar Jahren Sommerschlussverkauf – die Zinsen sind bei fast Null, niedrig wie nie und sollen da auch noch eine Weile bleiben. Im Kaufhaus hieße das: „Ausverkauf zu Schnäppchenpreisen: GELD – jetzt um fast 70 Prozent billiger!" Oder „Alles muss raus: EZB-Räumungsverkauf – Geld fast für nix!"

Trotzdem will keiner das Geld. Vielleicht ist das ein ganz schönes Zeichen. Die Leute sind das viele Geld einfach leid. Sie setzen auf postmaterielle Werte. Wieder zu Mama ziehen (Spanien), sich fragen, was mit der Nationalelf los ist (Italien) oder in Rente gehen, weil es weder Arbeit noch Sozialhilfe gibt (Griechenland). Nur wir Deutschen kaufen weiter ein. Wir müssen eben irgendwie Weltmeister bleiben.

Warum Werbung uns reich macht

Red Bull verleiht Flügel"? Stimmt gar nicht! Red Bull verleiht nicht mal Geld – sondern verschenkt es. Dreizehn Millionen Dollar zahlt Red Bull an amerikanische Kunden, die ihn wegen des Slogans verklagten. Da hat wohl irgendjemand Red Bull getrunken und gewartet, bis die leere Dose ihm einen Konzertflügel borgte ... Jetzt kriegt jeder flügellose Amerikaner zehn Dollar von Red Bull.

Das ist der Tod der Metapher – und die Geburt vieler Verdienstmöglichkeiten! Die Commerzbank etwa wirbt mit dem Slogan „Die Bank an Ihrer Seite". Überprüfen Sie das mal, indem Sie sich etwas vom Bankgebäude entfernen. Wenn die Bank dann nicht an Ihrer Seite bleibt – Zack – Millionenklage! Auch gegen Afri-Cola lässt sich schnell klagen. Die behaupten: „Afri-Cola überwindet den toten Punkt!" Flößen Sie einem toten Kaninchen mal Afri-Cola ein – nur, wenn es dann wieder lebendig wird, ist Afri-Cola auf der sicheren Seite.

Die Industrie muss sich jetzt sehr warm anziehen: Kelloggs Frosties verkünden, dass sie „den Tiger in Dir wecken". Gibt es auch nach sieben Schalen „Frosties" keinen wachen Tiger, sondern nur ein gewisses Unwohlsein durch Überzuckerung, ist Kelloggs dran!

„So kommen Sie ans Ziel!" war der Fortis-Bank-Slogan für den „Taschenkredit" in Höhe von 2500 Euro. Endlich mal ein Werbeversprechen, das gehalten wurde. Die Fortis Bank kam ans Ziel – jedenfalls, wenn dieses Ziel „Bankrott" hieß. Der Rasierklingenhersteller „Gillette" wirbt „Für das Beste im Mann". Wie bitte, möchte man fragen: das Beste im Mann? Wo rasieren diese Leute sich? Und was mussten sie mit jenem Körperteil anstellen, bis eine Mach3-Klinge reinpasste? Und was passiert, wenn es einem Kunden gelänge, nachzuweisen, dass er noch etwas Besseres hat als Haarwuchs?

Der Hersteller des Blasenpflasters „Compeed" muss mit einer Sammelklage diverser Prostituiertenverbände rechnen – er wirbt mit einem etwas zu vollmundigem „Hilft gegen Schmerzen durch Blasen in Sekunden"... Und der Lebensmitteldiscounter „Real" kann sich in seinen Filialen auf Ärger durch Auto-Erotiker gefasst machen, die er mit „Besorg's dir doch einfach!" provoziert!

Mit ein wenig Genauigkeit kann man als Endkunde fast jede Firma einer Lüge überführen. Und wie wir an Red Bull gesehen haben, kann sich das auch richtig lohnen.

Paradiesische Aussichten

Palmen, Gluthitze, gut aussehende braungebrannte Menschen mit sehr wenig Bekleidung, die sich barfuß am Strand im Sonnenuntergang sinnlichen Freuden hingeben – so stellt man sich gemeinhin das Paradies vor. Jedenfalls, wenn man ein mittleres Einkommen und wenig kriminelle Energie hat ... Hat man ein sehr hohes Einkommen und eine noch höhere kriminelle Energie, sieht das Paradies ganz anders aus: Nieselwetter, eine Einkaufsstraße, die ihre besten Tage schon lange hinter sich hat, rechts ne Spielothek, links ne Spielothek, dazwischen der rechtsleere Raum deutscher Steuernormalität.

Denn Deutschland gehört zu den zehn Top-Steuer- und Geldwäscheparadiesen der Welt. Geld, das von der langen Reise aus Afrika, Asien oder Russland etwas staubig oder richtig

schmutzig geworden ist (oder schon immer war), wird hierzulande mit Vorliebe gewaschen. Darin sind wir Deutschen ja gut, mit unseren Kehrwochen und unseren Weißen Riesen. Das Ergebnis der Bemühungen nennt man dann übrigens „Persilscheine". Damit macht man sich wenigstens nicht die Hände schmutzig bei den sauberen Geschäften.

Deutschland ist in Sachen Geldwäsche auf einem Level mit den Cayman Islands – übrigens vor Liechtenstein und den Seychellen ... Wir sind allerdings die einzige Bananenrepublik, in der Äpfel wesentlich besser gedeihen als Bananen, was viele Linke auf die ebenfalls nicht vorhandene Palme bringt. Im echten Paradies lag es ja angeblich an Evas Neugier auf Äpfel (obwohl die Banane doch in Griffweite war), dass die Menschheit aus dem Garten Eden flog. Viele Männer fragen sich immer noch, ob das mit der „sprechenden Rippe" wirklich eine so tolle Idee war. Im Grunde war Evas Neugier jedoch sehr wertvoll. Ihre Geschlechtsgenossin, die Angela, interessiert sich leider null für die Vorgänge in ihrem deutschen Steuerparadies. Wo bleibt die gute alte Eva, wenn man sie mal wirklich braucht?

Warum Verschwendung wichtig ist

Ein Staatsdefizit kann man auf drei Arten bekämpfen: durch Sparen, Inflation, höhere Steuern für Vermögende. Von diesen drei Arten reden im Augenblick alle nur vom Sparen. Dabei ist Sparen des Staates für den Bürger langfristig die schmerzhafteste Möglichkeit von allen. Dass die Geiz-ist-geil-Mentalität nicht wirklich gut greift, kann ein Macho schnell lernen, indem er versucht, eine Frau mit den Worten zu verführen: „Für dich gebe ich mein sauer verdientes Geld auf keinen Fall aus, Baby – na, macht dich das weich und willig?"

Und wie glücklich Menschen in einem kaputtgesparten Staat sind, sieht man im Augenblick in Griechenland … „Ja, aber der Staat verschwendet das Geld doch nur!", heißt es gern, und dann werden Beispiele zitiert, etwa ein paar Brücken zur sicheren Straßenüberquerung von Fledermäusen in Süddeutschland. „Fledermaus-Brücken, hallo, da kann man ja genauso gut Krötentunnel für Adler bauen…"

Nun kann man sicher mal drüber reden, ob wirklich jede staatliche Investition sinnvoll ist. Andererseits sehe ich erwachsene Männer, die in einem 400 PS-starken Cabrio in der Innenstadt eine Entfernung zurücklegen, für die sie mit dem Fahrrad die halbe Zeit brauchen. Ich kenne Frauen, die Schuhschränke mit Lederwaren besitzen, für die eine mittelgroße Büffelherde ihre Haut lassen musste – auch private Investitionen können ein wenig verschwenderisch wirken!

Und das ist auch gut so! Denn unsere Wirtschaft basiert darauf, dass wir uns regelmäßig Dinge kaufen, die wir nicht wirklich brauchen. Da kann ein Staat auch mal mit gutem Beispiel vorangehen. Zumal nicht jede Kritik berechtigt ist. Stichwort Berliner Flughafen – das ist keine verlogene Verschwendung. Im Gegenteil – die Politik hat immer gesagt, dass der neue Berliner Flughafen der umweltfreundlichste Flughafen der Welt wird – und siehe da… Startbahn BER – ruhiger kann man als Kranich dieser Tage nicht brüten! Dort entsteht ein neuartiges Verkehrskonzept für die Zeit nach dem Erdöl-Aus – zu Fuß gehen!

Und wenn die Fledermäuse sehen, dass auch die Menschen wieder zu Fuß gehen, dann werden sie vielleicht sagen: „Komm, das können wir auch – nutzen wir doch mal diese sichere Feldermaus-Brücke!"

Verschwendung kann sehr wichtig sein!

KAPITEL 2

REICH DURCH WIRTSCHAFT

Warum alte Drogen nicht immer gute Drogen sind

Ein chinesischer Milliardär bot vor einiger Zeit 150.000 Euro für einen Liter Rüdesheimer Wein. Es handelt sich um einen Wein des Jahrgangs 1653 – eines Jahres, von dem weitgehend unklar ist, ob es tatsächlich ein so rasend gutes Weinjahr war. Die Stadt Bremen besitzt noch 1000 Liter dieses Weins und hatte auf einmal die Gelegenheit, den alten Stoff für 150 Millionen Euro zu versilbern, welche die Stadt dringend benötigt.

Der Wein ist allerdings auch Teil des Unesco-Weltkulturerbes und als ältester Wein der Welt ein wenig heilig. Ich frage mich allerdings: Ist der Tropfen überhaupt noch gut? Würde irgendjemand für einen Liter Milch oder einen Laib Brot des Jahres 1653 auch nur einen einzigen Cent ausgeben? Fragwürdig ist auch, ob andere berauschende Substanzen gleichen Alters einen ähnlichen Preis erzielen könnten. Etwa 1653er Opium nach dem Motto: Weltkulturerbe „Ur-Opa-Opium – Träume längst vergangener Zeiten"?

In unserer Welt, die gerne alles und jedes mit einem Verfallsdatum etikettiert, geschehen die denkwürdigsten Dinge. So gibt es vergleichsweise günstiges „Himalaya-Salz" (kein Weltkulturerbe), das damit beworben wird, seit Millionen von Jahren in der Tiefe des Gebirges gelagert zu haben. Aber laut Packung ist die Haltbarkeit Mitte nächsten Jahres abgelaufen! Was für ein Timing, dass ich dieses Salz gekauft habe – kurz bevor es nach all dieser Zeit schlecht wird!

Vielleicht können die Bremer sich nach weiteren Produkten umschauen, die alt sind und bei ihnen zum Verschachern rumliegen? Die erste CD der Bremer Stadtmusikanten? Alter Korn aus der Hansezeit – „Piratenblut"? Oder Importware: Kokain aus der Inka-Zeit! Weltkulturerbe „Schnee von gestern"!

Der chinesische Milliardär hat den Rüdesheimer Wein übrigens doch nicht gekauft. Wahrscheinlich stieg er um auf Chianti Classico. Jahrgang 2009. Oder so. Wenn man davon genug trinkt, merkt man den Unterschied nach kurzer Zeit schon nicht mehr!

Warum der Geschirrspüler bald zum Mond fliegt

Geschirrspülmaschinen sind eine großartige Erfindung. Gerade für den Teil des Haushalts, der meist mit dem Spülen betraut ist (ich), da er in Notlagen (allein daheim, Krankheit des Partners, Dritter Weltkrieg) zwar kochen könnte, es aber hasst. Bei Geschirrspülern stellt sich von Anfang an die Geschirrspülmittel-Gretchenfrage, die Shakespeare so formuliert hätte: „To Tab or not to Tab?"

Nach langem Abwägen entscheide ich mich trotz des höheren Preises für die Tabs, weil ich faul bin. Sodann stellt sich die Frage: Welche Tabs? Da bietet das Internet rasche Hilfe: Nachdem man als wacher Verbraucher erst mal seitenweise Testberichte gelesen hat, die man kostenpflichtig runterladen darf (fließt das in die Kostenrechnung der Tester überhaupt mit ein? Wie lange muss ich bei einem Preisvorteil von 10 Cent pro Waschgang günstigere Reiniger verwenden, um drei Arbeitsstunden Recherche wieder auszugleichen??? – das amortisiert sich nach etwa drei Jahren – bis dahin sind längst wieder neue Testberichte erschienen!!), ist man auf der Höhe der Tab-Technologie!

Wo es nämlich früher den schlichten Reinigungs-Tab gab, gibt es heute eine Fülle an Multifunktions-Tabs mit Namen, die mehr an Weltraumforschung als an Geschirrspülen erinnern. Nach dem mittlerweile vorsintflutlich anmutenden 3-in-1-Tab mit Geschirrreiniger, Klarspüler und Salz gibt es heute den Multi-10-Tab mit so exotischen Funktionen wie „Niedrigtemperatur Aktiv". Was soll das? Niedrigtemperatur? Ist das ein Lockangebot für Eskimos? Wozu brauche ich einen „Reinigungsverstärker"? Ist das nicht das Eingeständnis, dass der bisherige Reiniger im Grunde nichts taugt und ich jahrelang abgezockt wurde? Ähnlich wie der „Glasschutz", welcher darauf hindeutet, dass der Klarspüler weniger für Klarheit als für milchige Rückstände zuständig war? Auch die „Express-Kraft-Formel" jagt mir Schauder über den Rücken – die Vorstellung, dass ich jahrelang kraftlos und langsam gewaschen habe … brrrr. Und der „Extra-Trocken-Effekt" macht mir klar, dass es eine bislang in der deutschen Sprache nicht vorgesehene Steigerung von „trocken" gibt!

Vielleicht warte ich einfach, bis sie den Multi-27-XL-Tab auf den Markt bringen? Mit „Iris-Erkennungs-Chip" (damit Einbrecher kein Geschirr mitbringen und es heimlich waschen) und der „Transrapid-Magnet-Technology", die das Geschirr bruchfrei in die Maschine hineinsaugt, um es nach vollendetem „Super-Plus-Clean-Effect" automatisch in die ebenfalls von der Maschine per „Smart-Remote" geöffneten Küchenschränke hineinzuschleudern! Das wäre endlich mal ein Fortschritt!

Slogans, die das Herz upwarmen

Eine jüngst vorgestellte Studie untersucht das Verständnis englischer Werbe-Slogans. Bei aller Kritik an exzessivem Englisch muss man konstatieren, dass selbst ungebildete Zeitgenossen durch Slogans wie „Broadcast yourself" (YouTube) an eine Weltsprache herangeführt werden. Zugegeben, nicht jeder versteht das. Im Falle von YouTube denken die meisten, man solle „sich selbst bitte schön in einen Brotkasten packen"!

Andererseits geben Slogans wertvolle Hinweise zum Umgang mit dem jeweiligen Anbieter. Als die Parfümerie Douglas mit „Come in and find out" warb, hörten die meisten: „Komm rein und find wieder raus!" Oder, wie Männer es übersetzen: „Alter, da find ich sogar raus, ohne überhaupt reinzugehen!"

Sehr fantasievoll geht es mit der englischen Werbung in der Autoindustrie zu. Wertvolle Hinweise für verantwortungsvolles Fahren liefert gerade der französische Autohersteller Renault mit der Message „Drive the change", was wohl zweierlei heißt: entweder „Fahrerwechsel" (sinnvoll bei langen

Fahrten) oder „Mit Wechselgeld fahren" (Parkautomaten!). Damit ist Renault übrigens der einzige Franzose, der freiwillig Englisch spricht!

Opel hingegen fordert „Explore the City Limits!", also „Vorstädte erforschen" – eine Tätigkeit, die anscheinend nur Opel-Fahrer sexy finden. Die überwiegende Mehrheit der Konsumenten versteht darunter, dass man die Stadtgrenze explodieren lassen soll. Angesichts der Tristesse der meisten

Buy Low – Sell high...
alles andere Können Sie
in letzter Konsequenz
vergessen!

Vorstädte ist das eine sinnvolle terroristische Herausforderung!

Vermarktungsprofis behaupten, dass Slogans besser funktionieren, wenn jeder sich was anderes drunter vorstellt. Das war zum Beispiel der Fall beim Slogan „For You. Vor Ort!" Der Werbekunde stellte sich eine Umsatzsteigerung vor. Der Endkunde stellte sich gar nix vor. Resultat? Die Drogeriekette „Schlecker" ist pleite.

Das Hypo-Verbrechen

Hypo" ist eine altgriechische Präposition mit der Bedeutung „unter". „Unter" wie in Untergang. Oder Unterjubeln. Hypo ist auch eine Abkürzung für Hypothek. Oder Hypothekenbank. Da passt es gut, dass es einigen Individuen immer wieder gelingt, anderen nicht sonderlich lukrative Hypothekenbanken „unter"zujubeln.

Wir Deutschen haben übrigens wenig gute Erfahrungen mit Hypo gemacht. Hypo- wie in Hypovereinsbank, ein Institut, das sich mit Ost-Immobilien verspekulierte. Hypo wie in „Hypo Real Estate" – die verspekulierten sich mit US-Immobilien. Und nicht zu vergessen die Hypo Alpe Adria, die sich mit so ziemlich allem verspekulierte. Die „Hypo Albtraum Adria", wie sie korrekt heißen müsste, hatte dermaßen viel mit kriminellen und mafiösen Elementen zu tun, dass es an ein Wunder grenzt, wenn man am Bankomat ohne Kalaschnikow und Sonnenbrille Geld abheben kann!

Trotzdem fand letztere bereits in angeschlagenem Zustand einen Käufer: Die Bayrische Landesbank. Das ist ja das Tolle:

Wenn nix mehr geht, gibt's immer noch irgendeinen Bayern, der drauf reinfällt. Kosten für den bayrischen Steuerzahler: Mal eben 3,7 Milliarden Euro! Das fanden die Bayern doof, und deshalb gaben sie die Bank auch an die Österreicher zurück. Für lau. Mit etwa 10-20 Milliarden Euro Risiko. Die Ösis wollten den Hypo-Albtraum eigentlich nicht haben, mussten aber, um ein Bankenbeben in Kärnten zu verhindern. Jetzt streiten sich die Bayern und die Ösis, weil niemand weiß, in welche dubiosen Kanäle die etwa 20 fehlenden Milliarden verschwunden sind.

Zum Vergleich: Um 20 Milliarden als gewöhnlicher Bankräuber zu erwirtschaften, muss man selbst bei einem Durchschnittsraub von 50.000 Euro etwa 400.000 Mal eine Bank überfallen. Wenn der Bankräuber im Jahr 920 n. Chr. (also im frühen Hochmittelalter) losgelegt hätte, ohne zwischendurch einen Tag freizumachen oder aus Versehen zu sterben oder krank zu feiern wegen einer durch die ewigen Nylonstrümpfe überm Gesicht verursachten Allergie ... dann hätte er die Summe nächstes Jahr fast beieinander! So wird das also nix. Vielleicht sollten die Österreicher eine neue Hypo-Bank gründen? Und die dann irgendjemand „hypo"jubeln ...

Das Finanz-Problem der Bayern geht übrigens alle was an. Denn wenn die Bayern kein Geld mehr haben – wer zahlt dann den Berliner Flughafen?

Die wahren Glücklichmach-Teesorten

Die Diversifizierung der Produktpalette führt zu erstaunlichen Ergebnissen. Grade bei Teesorten gibt es einen Tee für fast jede emotionale Verfasssung. Um mein Leben in ein durch

Natur-Drogen gesteigertes Paradies zu verwandeln, muss ich einfach am frühen Morgen mit einem „Morning-Glory-Power"-Tee beginnen, am späten Vormittag meinen Testosteron-Level per „Männer-Tee" anheben und das mittägliche Hoch durch einen „Glücks-Tee" krönen, bevor der Abend mit einem „Nighttime-Relax-Sleepy"-Tee ruhig ausklingt.

Derart anglophile Fantasie lassen andere Produkte vermissen. Staubsaugerbeutel etwa halten sich, wie man es von guten deutschen Produkten erwartet, an eine eher schlichte, technologische Klassifizierung, die allerdings angefangen mit A06 über MX87 bis hin zu S73 gefühlte 1487 Arten umfasst. Nach mehreren Fehlkäufen finde ich heraus, wie der für meinen Staubsauger passende Beutel heißt: S67!

Das Problem daran: Man kriegt das verdammte Ding nirgends. A06 und MX87 sind fast immer da. S67 nie. Der S67 ist schließlich nicht irgendein Staubsaugerbeutel. Er ist technisch derart ausgefeilt, dass man ihn durch Micropor-Zusätze auch als Gasmaske verwenden kann. Außerdem verfügt er über eine „Air-Space-Technology" und „Long Power", was den Verdacht nahe legt, dass er in seiner Freizeit Ausflüge zum Mond unternimmt! Ist er deshalb so schwer zu kriegen? Weil die meisten Packungen sich grade in einer erdnahen Umlaufbahn befinden? Warum hat die Teeindustrie auf diese Situation noch nicht reagiert? Das wäre der wahre Glücks-Tee für mich: Ein „Staubsaugerbeutel-S67-Auffind-Tee"!

Kiffen für Deutschland

Koks und Nutten – das war für TV-Moderator Michel Friedman vor einigen Jahren ein schwerwiegender Skandal. Für die EU wäre der Mann heute ein Held! Denn seit Herbst 2014 werden EU-weit auch Drogenhandel, Tabakschmuggel sowie Prostitution und Rüstungskäufe in die Berechnung des Bruttoinlandsprodukts, kurz BIP (also die Summe aller in einem Land umgesetzten Waren und Dienstleistungen) einbezogen. Dadurch steigt das BIP, was wiederum ein Absinken der Staatsschuldenquoten bedeutet. Wenn die Staatsschuldenquote sinkt, werden Staatskredite billiger. Dadurch hat ein Land mehr Geld, etwa für Schulen und Kindergärten. Insofern wäre Michel Friedman heute ein wichtiger Wirtschaftsfaktor!

Die moralische Brille hat also gar keine Gläser mehr! Ronald Schill, die Hells Angels sowie die bayrisch-tschechische Grenzregion werden neuerdings voll mitgezählt! Die Frage ist nur, wann auch Bankraub oder Wohnungsdiebstähle in das BIP mit einfließen? Bei Wohnungsdiebstählen werden immerhin Gegenstände, die sonst langsam vergammeln, dem Handel wieder zugeführt! Und Bankraub verteilt totes Kapital wieder um und verringert die Eigenkapitalreserven von Kreditinstituten, welche daraufhin vorsichtiger investieren müssen, was die Stabilität des Banksektors erhöht und Krisen vorbeugt...

Das Brutto-Inlands-Produkt ist nicht unumstritten: Der Bau einer Ölbohrplattform wie der Deepwater Horizon, die 2010 kaputt ging, steigert das BIP. Die Entsorgung der Ölkatastrophe steigert das BIP noch mal. Die schnellste Steigerung des BIP könnte man erreichen, indem man die ganze Welt mit Panzern aufrüstet, in einem riesigen konventionellen Krieg alles zerstört und dann gigantische Summen in den Wiederaufbau steckt!

Aber der Statistik-Trick der EU hat auch einen Randgruppen integrierenden Aspekt: Wenn Sie das nächste Mal einen kiffenden, koksenden Kettenraucher vietnamesischer Schmuggel-Zigaretten sehen, der im nigelnagelneuen Panzer Leopard III beim Puff vorfährt, dann ist der kein „psychopathisches Sackgesicht". Nein, der ist „Großsponsor frühkindlicher Bildung"!

Das Geheimnis der Coco Pops

Als großer Bewunderer britischen Humors bin ich ab und zu auf der Insel. Neulich hob ich an einem englischen Bankautomaten etwas Geld ab. Nach Eingabe des Passworts fragt der Bildschirm mich auf einmal, ob ich vorhabe, in nächster Zukunft Coco Pops zu erwerben? Ich bin perplex. Mir war nicht klar, dass Coco Pops mittlerweile zum Kerngeschäft einer Bank gehören. Ich habe Coco-Pops in meinem Leben auch noch nie gegessen. Cornflakes schon, an schlechten Tagen sogar mal „Honig Pops". Aber inzwischen bin ich aus dem Alter raus, in dem man Nahrung toll findet, die sich nach dem Hinzufügen von Flüssigkeit ineine Vorstufe von Tapetenkleister verwandelt!

Der Bildschirm jedoch fragt weiterhin penetrant, ob ich nicht Coco Pops kaufen möchte? Kommt diese Zukunft demnächst auch nach Deutschland? Quasi die „Tchiboisierung" der Bank: Zum Auffangen von Investmentverlusten bieten Finanzinstitute in ihren Filialen günstige Heckenscheren an, elektrische Ohrhaarentferner sowie Flaschenöffner, die als digitale Kofferwaage doubeln! In dem neuerdings bei Tankstellen

Ich wollte immer, dass es meinem Geld einmal besser geht als mir.

üblichen Stil wird ihr Bankberater bei der Erteilung eines Kredits ganz nebenher anfragen, ob es nicht noch ein Croissant und ein Kaffee für nur 1,90 Euro sein darf? Oder Coco Pops! Vielleicht werden die Banken ihre Angebote auch regional anpassen. Ein Automat der Deutschen Bank in Saudi-Arabien etwa fragt: „Haben Sie vor, in nächster Zeit einen Panzer zu erwerben?"

Ich klickte das Angebot weg, machte mir aufgrund zunehmender Vernetzung aber tatsächlich Sorgen, dass der Zollbeamte mich bei der Ausreise fragt: „Raus mit der Sprache! Wo haben Sie die Coco-Pops versteckt?"

Wer jetzt ein Konjunkturprogramm kriegt

Kennen Sie Conan, das Bakterium? Dieses Lebewesen, Deinococcus Radiodurans mit wissenschaftlichem Namen, kann so ziemlich jedes Desaster überleben, das dieser Planet zu bieten hat, unter anderem erträgt es die 10.000fache Strahlenmenge des Menschen. Der Mensch wiederum liefert dem Bakterium die lebensnotwendigen Desaster, unter anderem durch seine „Wachstumsphilosophie".

„Wir brauchen aber Wachstum", heißt es allerorten. Das trifft leider nicht immer zu. Im Fall von Krebs ist Wachstum eher kontraindiziert. Und wer einem Kind fünf Prozent Wachstum für jedes Lebensjahr verspricht, gehört in die geschlossene Anstalt, wer es einem Land verspricht, wird Bundeskanzler! Was den Planeten angeht, ist Wachstum ein bisschen wie ein Kettenbrief – in einem geschlossenen System mit begrenzten

Ressourcen kann es nicht immer so weitergehen. Wachstum vernichtet zunehmend die Lebensgrundlage des Menschen und die Natur. Also ist Wachstum schlecht für die Umwelt.

Die Alternative ist Schrumpfwirtschaft. Weniger ist mehr. Fernweh statt Fernflug. Balkonien statt Ballermann. Car Sharing statt Porsche Carrera. Dummerweise hängen am Konsum auch Arbeitsplätze. Wenn keiner mehr einen Neuwagen kauft, feuert die deutsche Autoindustrie massenhaft Menschen. Hohe Arbeitslosigkeit führt zu sozialen Spannungen. Dann wird irgendeine ungeliebte Randgruppe zum Sündenbock: Muslime, Asylanten, Beamte! Das nennt man die PEGIDisierung einer Gesellschaft. In Griechenland fällen die Menschen sogar die letzten Bäume, weil sie kein Geld mehr für Heizöl haben. Kein Wachstum ist also auch schlecht für die Umwelt.

Am besten fährt die Umwelt (und damit letztlich auch der Mensch) übrigens in Gesellschaften, in denen die Unterschiede zwischen Reich und Arm nicht so groß sind. Steuerhöhungen für Reiche sind also gelebter Umweltschutz. So, wie es im Augenblick läuft, wird Wachstum leider zu einem Riesenkonjunkturprogramm. Aber nur für Conan, das Bakterium!

Warum Geld für nix auch nicht so toll ist

Ein Gespenst geht um in Europa: Deflation! Buh! Alles wird billiger. Na und?, denkt man erst mal, was soll daran so schlimm sein? Wird halt alles etwas günstiger ... Die große Gefahr bei einer Deflation ist ja, dass Verbraucher und Unternehmen ihre Anschaffungen aufschieben, weil sie erwarten, dass der Blu-Ray Player nächstes Jahr beim Kauf einer Tüte Kartoffelchips als Gratis-Bonus obendrauf kommt. Dadurch bricht der Konsum ein, alle gehen pleite, und die niedrigen Preise nützen niemandem mehr ...

Aber wie es mit Gespenstern so geht: Bei Licht betrachtet sind sie gar nicht so gefährlich. Denn die angebliche Deflation speist sich in erster Linie über den Ölpreis. Der aus völlig anderen Gründen im Keller ist. Der niedrige Ölpreis zieht die Lebensmittelpreise nach unten. Wenn die Deflationstheorie stimmt, müssten in unseren Villenvororten haufenweise halbverhungerte Bankergattinnen zusammengekrümmt auf dem Küchenfußboden rumliegen, weil sie auf die niedrigen Lebensmittelpreise vom nächsten Jahr warten und auf keinen Fall den SUV anwerfen möchten, der in zehn Jahren zur Hälfte des Geldes vollgetankt werden kann.

Die EZB reagiert trotzdem panisch. Wie eine „Europäische-Zocker-Bank" halt. „Quantitative Lockerung" ist das Zauberwort. Wie das geht, wollen Sie wissen? Nun, stellen wir uns mal ganz emanzipiert vor, dass Sie eine gut verdienende Frau sind. Sie haben einen tollen Mann. Der sieht gut aus. Ist charmant. Hat einen Ferrari. Und mehrere Porsches. Aber es geht ihm nicht so gut. Denn er hat Schulden. Wegen des Ferraris. Und der Porsches.

Weil Sie möchten, dass es ihrem Mann wieder besser geht, kaufen Sie ihm die Schuldscheine ab. Das bessert die Laune ihres Mannes in der Tat. Er lädt Sie zum Essen ein und zahlt mit Kreditkarte. Dann kauft er den nächsten Porsche. Auf Pump. Und kriegt wieder schlechte Laune. Weil Sie eine Frau mit großem Herzen sind, kaufen Sie ihm die Schuldscheine erneut ab.

So geht das eine ganze Weile. Die Konjunktur brummt. Irgendwann fängt Ihr Mann an zu spekulieren. Er kauft eine Option auf den Erwerb des allerneuesten Ferraris, der erst im

Folgejahr gebaut wird und dann aber viel teurer sein soll, so dass er ihn mit Gewinn zu verkaufen hofft. Leider kommt es anders, und Ihr Mann hat noch mehr Schulden.

Bald haben Sie wahnsinnig viele Schuldscheine von Porsche und Ferrari und auch einige, die Sie nicht recht zuordnen können, die aber auf „Club Cherie" lauten und lippenstiftverschmiert sind. Um Ihren Mann weiterzufinanzieren (er ist wirklich soooo süß), nehmen auch Sie Schulden auf.

Irgendwann brauchen Sie eine Exit-Strategie, weil auch Sie sich nicht ewig verschulden können, und Sie fragen Ihren Mann, ob er nicht eventuell dran denken könnte, irgendwann auch mal wieder arbeiten zu gehen. Ihr Mann überlegt sich seinerseits eine Exit-Strategie, lässt sich scheiden und verklagt Sie auf Unterhalt.

Sie ärgern sich. Denn jetzt sind Sie diejenige, die nicht mehr tanken kann ...

Warum wir unbedingt wieder gute Konsumlaune haben müssen

Der GfK-Konsumklima-Index war neulich so hoch wie noch nie! Obwohl man bei den vielen Klima-Indexen, die einen heutzutage umgeben, schon ein wenig durcheinander kommt. Wenn der Konsumklima-Index steigt, ist das anscheinend gut. Wenn der Wetter-Klima-Index steigt, ist das nicht so gut. Wegen Klimakatastrophe und steigender Meere und den vielen Holländern, die dann permanent im Wohnmobil durch Deutschland donnern und keine Ausländermaut zahlen und so.

Dummerweise wird mit steigendem Konsum auch mehr CO_2 erzeugt, grade bei billigem Benzin, also gilt: steigendes Konsumklima gleich steigende Temperaturen. Ist doof, aber nicht in erster Linie für uns. Sondern mehr für die Schwarzafrikaner, weil sich dort die Wüsten ausbreiten. Oder Eisbären, weil die dann aussterben. Schwarzafrikaner und Eisbären. Schwarz und Weiß. Vielleicht hat Michael Jackson das gemeint, als er sang: It don't matter if you're black or white …!

Egal, jetzt wird halt konsumiert, bist die Schwarte kracht. Panisch Geld ausgeben, solange man dank des Draghi-Milliarden-Währungsverfalls noch nicht für einen Schweizer Franken mehrere Villen in der Münchner Innenstadt kaufen kann! Vielleicht kann der Euro wirklich am deutschen Wesen genesen, denn diese Krise wird totgekauft! Mit Stumpf und Stiel!

Aber was kaufen? Bis vor einiger Zeit hieß es: die Nachfrage regelt das Angebot. Mittlerweile ist klar: das ist Quatsch. Die meisten Menschen haben ja bereits alles. Jedenfalls die mit Geld. Klar gibt es auch echte Nachfrage. Der eine oder andere Afrikaner hätte vielleicht gerne sauberes Wasser. Aber das afrikanische Konsumklima ist für den Konsum ungefähr so relevant wie Steptanz im Bundestag oder Intellekt im Dschungelcamp!

Um also doch noch Nachfrage zu kreieren, drehte man das Ganze einfach um. Jetzt bestimmt das Angebot die Nachfrage. Oder kennen Sie irgendjemanden, der dringend einen Geländewagen braucht? Dieses Land ist voller dermaßen gut ausgebauter Straßen, dass man mit einem tiefergelegten Opel von Rostock nach Chemnitz schrubben kann, ohne ein einziges Mal irgendwo aufzuhauen! Außer man verirrt sich aus Versehen nach Westdeutschland, klar!

Dennoch ist ein wachsender Prozentsatz aller Deutschen der Überzeugung, dass Mutti dringend einen Panzer braucht, um einen Liter Milch sicher vom Supermarkt ins nächste Villenviertel zu transportieren! Bei dem Benzinverbrauch, den diese SUVs haben, und der daraus resultierenden hohen Nachfrage nach schwarzem Gold aus der Wüste wird auch klar, wofür S-U-V wirklich steht: „Scharia-Unterstützungs-Vehikel!

Wie kommt es nun, dass erwachsene Menschen sich unnötigen Krempel kaufen? Weil es dem Marketing gelungen ist, den Konsumenten in einem mentalen Alter von sechs Jahren zu halten! Das sieht man an einer modernen Nemesis: Dem allerneuesten IPhone!

Viele Menschen haben ein unstillbares Bedürfnis nach einem IPhone. Das ist ja auch toll. Es kann telefonieren, Fotos machen, Musik abspielen, ist nebenher auch noch ein Computer und geht ins Internet und so. Das Problem daran ist nur, dass die Menschen, die sich so ein Ding zulegen, bereits ein Mobiltelefon haben. Die haben auch mindestens eine Kamera, ein Musikabspielgerät und einen Computer sowieso. Die haben übrigens auch schon ein Smartphone, aber eben nicht das allerneueste! Welches sich übrigens kaum vom Vorgängermodell unterscheidet, das jedoch durch einen größeren Bildschirm und höheren Preis ausgleicht! Gut, und das IPhone 6 ist neuerdings auch noch genauso biegsam wie der Mutterkonzern bei seiner Steuergestaltung!

Denn Apple hat jetzt unter anderem durch kreative Steuervermeidung den größten Quartalsgewinn in der Geschichte der Menschheit eingefahren. Mit einem Telefon, das keiner wirklich braucht! Das durch ausbeuterische Produktion von einer Firma hergestellt wird, welche die Allgemeinheit durch Steuertricks bescheißt, Datenschutz und Intimsphäre für Schmutzwörter hält und den eigenen Aktienkurs manipuliert. Und deren Telefon wird von Menschen gekauft, die mit den Slogans groß geworden sind: „Ich bin doch nicht blöd!" und „Geiz ist geil". Die kaufen sich für 900 Euro ein Telefon, das sie nicht brauchen. Haben Sie auch manchmal das Gefühl, dass die PISA-Studie an der falschen Zielgruppe ansetzt?

Die Sehnsucht nach dieser Art hoch entwickelter Smartphones ist dennoch nachvollziehbar. Immerhin handelt es sich um ein Gerät, das alles für einen erledigt. Und so ein Gerät kennen wir gut. Von früher. Das hieß Mutti! – Wann kriegen wir eigentlich den Infantilisierungs-Klima-Index?

Wie wir den Euro retten

Der soziale Aufstieg durch Heirat wird schwieriger! Frauen haben in den letzten 30 Jahren bildungsmäßig derart aufgeholt, dass viele Paare sich schon in der Uni unter „Gleichen" kennenlernen. Resultat: Akademiker meiden Dorf-Discos, Heideköniginnen bleiben allein oder werden höchstens Kandidatinnen für „Bauer sucht Frau"! Auch Männer können sich nur noch hochschlafen, wenn Sie sich als „intelligent" oder „Firmenchef" tarnen – ein Prozess, der in der Wirtschaft „Middelhoffen" (nach Thomas Middelhoff) heißt...

Die zunehmende soziale Immobilität ist ein gutes Bild für die Euro-Krise, die sich ja auch aus der Ungleichheit der Vermögen speist: Im Süden die Party-People, die es gern mal krachen lassen und dafür Miese in Kauf nehmen, im Norden die Schwaben. Man kann auf zweierlei Art eine Heirat unter Gleichen erreichen: entweder machen alle auf Merkel oder „Party"!

Die „Merkelisierung" Europas stößt zunehmend auf Widerstand, etwa in Griechenland. Was wir jetzt brauchen, sind „Quadrat-Schwaben": Wir sparen uns einfach das Sparen! Wenn es Deutschland gelingt, über Nacht ein Riesen-Defizit von 80 Billionen anzuhäufen, müssen Griechen und Italiener uns

Schon jetzt bereute
Hubert das Laden
der Fitness-App.

retten! Am einfachsten geht das, indem jeder Deutsche einen Scheck in Höhe von 1 Million Euro von der Bundesbank erhält, als langlaufende Anleihe (rückzahlbar in 3-400 Jahren)!

Und dann können wir endlich mal gegen das unmenschliche Spardiktat demonstrieren, das die fiesen Südeuropäer uns dann aufdrücken. Aber wir „Party-Germanen-Millionäre" tun das mit Stil. Im Porsche-Autokorso!

Warum Auftragsmord jetzt lukrativ wird

Ich habe keine Lebensversicherung abgeschlossen – ich möchte, dass bei meiner Beerdigung echte Tränen fließen!" lautet ein bekanntes Zitat. Echte Tränen gibt es jetzt allerdings schon vor der Beerdigung – besonders als Inhaber einer Lebensversicherung. Wie der IWF warnt, werden in der gegenwärtigen Niedrigzins-Phase diverse Kapital-Lebensversicherer in Zahlungsschwierigkeiten geraten. Diese hatten in besseren Zeiten bis zu vier Prozent Zinsen zugesagt. Pro Jahr! Das erscheint im Licht heutiger Kapitalerträge wie Versprechen betrunkener Zocker auf Kokain!

Hier lauert eine verkehrte Welt. Durch die finanzielle Schieflage einiger Versicherer kann es passieren, dass der Verbraucher nach den Banken und südeuropäischen Staaten auch noch die Lebensversicherungen retten muss. Dass also die Versicherten selbst als Versicherung für die Versicherer einstehen ... da erhält die Vorsilbe ver- wieder ihre ursprüngliche Irrtumsbedeutung: ver-laufen, ver-sprechen, ver-sichern ...

Woran erkennt man jetzt, dass die eigene Lebensversicherung in Schieflage geraten ist? Wenn der Herr Kaiser klingelt und um Asyl bittet – wäre das ein erstes alarmierendes Zeichen. Wenn die Versicherung der Ansicht ist, „Police" hätte etwas mit Polizei, aber nicht mit ihnen zu tun, ein weiteres. Wenn sie sich nicht mehr an den Begriff „Überschussbeteiligung" erinnern kann, sieht es sehr schlecht aus.

Denn der Erlös einer Lebensversicherung besteht aus einem Garantiezins und einer Überschussbeteiligung, die sich am zurzeit sehr fraglichen Erfolg der Firma beteiligt. In Zukunft führt wohl nur noch ein Auftragsmord zu einer Überschussbeteiligung: „Tatjana, ich habe deinen Mann mit diesem Jagdgewehr erlegt – ÜBER diesen SCHUSS möchte ich BETEILIGUNG am Erbe!" Dann werden bei der Beerdigung sowohl echte als auch falsche Tränen fließen!

Sie sind Banker –
jetzt stehen sie auf!

Warum wir Bargeld brauchen

Einer der Wirtschaftsweisen will das Bargeld abschaffen. Auf den ersten Blick eine charmante Idee: Weniger Schwarzarbeit! Weniger Bankraub. Oder kennen Sie einen Bankräuber, der mit Notebook in der Hand die Kassiererin bedroht? „Überweisen Sie sofort eine Million auf dieses Konto, sonst lösche ich Ihren Facebook-Account!"

Andererseits verlieren Notenbanken bei Cash-Abschaffung ihre Haupteinnahmequelle, das Geldscheindrucken: Ein 500-Euro-Schein kostet in der Herstellung etwa 8 Cent. Das macht also 499,92 Euro Gewinn! So werden Notenbanken zu erpressbaren Sklaven der Politik! Letztere hingegen verliert das Interesse an selbiger: Wolfgang Schäuble rollt schlecht gelaunt durch den Bundestag, weil die Spendenumschläge kein Bargeld, sondern nur noch christliche Wünsche enthalten!

Die Werbeindustrie bricht zusammen, da die wenigsten Koks-Dealer Kreditkarten akzeptieren. Auch Rock-Musikern fehlt durch den fehlenden Drogenzugang die Inspiration und der verkaufsfördernde Tod durch Überdosis – sie machen zur Volksmusik rüber, die wegen des Überangebots an Wert verliert, bis AC/DC in der Fußgängerzone neben rumänischen Trompetern spielen! Kiffer greifen zur Flasche – das erhöht ihre Fahrtgeschwindigkeit drastisch und treibt die Unfallstatistik in die Höhe.

Vor allem bedeutet das Cash-Aus ein Ende der Prostitution! Was zu einem massiven Anstieg der Scheidungsrate führt, in deren Gefolge Familien zerrütten, Sozialkosten steigen und die Ergo-Versicherung pleitegeht, weil ihr aufgrund fehlender Bonusmodelle der Nachwuchs abhandenkommt. Eine jedoch freut das Nutten-Aus: Alice Schwarzer! Bis sie merkt, dass sie dann kein Bargeld mehr in die Schweiz bringen kann ...!

Warum Elefantenkacke hilfreich ist

Energiewende, überall höre ich jetzt: Energiewende! Die Welt quillt über von Energiesparmodellen. Übergewichtige inserieren sich in Kontaktanzeigen nicht mehr als „etwas moppelig", sondern „hervorragend gedämmt – daher heizkostensparend!" Sigmar Gabriel treibt die Energiewende vermutlich auch nur deshalb voran, weil er für seine Figur irgendwann die Steuervorteile eines Passivhauses kassieren möchte!

Sogar im Münchner Tierpark Hellabrunn nutzen sie jetzt eine alternative Art der Energiegewinnung: Strom aus Elefantendung! Denn aus Exkrementen kann man Methan gewinnen und damit wiederum Kraftwerke betreiben. Und Elefanten sind in dieser Hinsicht sehr produktiv. Im Münchner Zoo produzieren sie 150 kg Kacke täglich. Das ist beeindruckend – aber leider verfügt Deutschland nur über eine limitierte Anzahl Elefanten. Dafür gibt es hier 80 Millionen Menschen! Die ja irgendwann mal müssen!

Hier liegt ein Markt brach, der ungeahnte Möglichkeiten birgt. Als Erstes werden Wassertoiletten verboten – der „Stuhl" wird in Mietshäusern durch spezielle Rohre direkt in das hauseigene Biomassekraftwerk geleitet, um dort zu Gas zu vergären. So wird Verdauung zum Hauptträger der Energiewende und der tägliche Linseneintopf zu einem echten „Money-Food". Denn die Menge der Exkremente bzw. des „Energie-Rohstoffs" wird per Apple Watch berechnet und dementsprechend vergütet. Vielkacker können sehr reich werden! Ich erahne schon den ersten Bestseller: „Per Durchfall zum Millionär!" Und es klingt so viel angenehmer, wenn man nicht mehr sagt: „Ich muss auf Klo", sondern: „Ich ziehe mich in die Energiekammer zurück!"

KAPITEL 3

DER REICHTUM DES POLITISCHEN HANDELNS UND NICHTTUNS

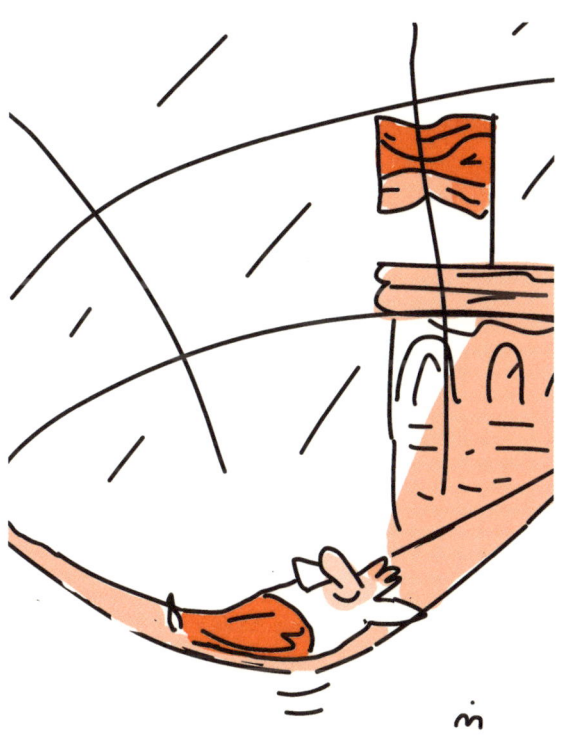

Wie wir die Truppe wieder fit machen

Die Bundeswehr ist als Armee nicht einsatzfähig! Wunderbar: Unsere Landesverteidigung ist somit die erste pazifistische Kampftruppe der Welt! Anderswo gibt es potemkinsche Dörfer (also Attrappen) – wir haben eine ganze „potemkinsche Armee"! Trotz untauglicher Waffen geht Ursula von der Leyens Konzept voll auf: Als Kita ist die Bundeswehr eine Wucht! Christen in aller Welt erblassen vor Ehrfurcht: Welche andere Kampfeinheit hat das Bibel-Gebot „Schwerter zu Pflugscharen" so konsequent umgesetzt?

Vielleicht muss man sich über begrenzte Einsatzfähigkeit nicht wundern, wenn man ständig Waffensysteme baut, die entweder Namen von aussterbenden Tierarten tragen (Panzer: „Tiger") oder von Tieren, die Maschinen zerstören (Panzer: „Marder") oder sinnlose Bezeichnungen haben (Hubschrauber: „Sea-King"). Wobei Letzteres vermutlich eine Abkürzung ist: SEA-KING – schrottreifes einsatzunfähiges Altmetall – kaputte, idiotische, notfalluntaugliche Gammelwaffe!

Es wäre allerdings verfehlt, daraus den Schluss zu ziehen, wir müssten mehr Geld in die Rüstung stecken. Die wahre Verteidigung unseres Landes findet nämlich abseits sinnloser Gewalt statt. Bereits in Stellung gebracht ist die Geheimwaffe für Frieden in Osteuropa – nach seinem Rücktritt geht Klaus Wowereit demnächst in die Ostukraine und plant dort den größten russisch-ukrainischen Flughafen der Welt, abgekürzt „GröRUkFlu" – angesichts der dann einsetzenden Probleme verkommt ukrainischer Separatismus zu einer unwichtigen Randerscheinung!

Wenn das nicht reicht, wird Ursula von der Leyen neue Verteidigungsministerin des Islamischen Staates und setzt dort ihr Wehrkonzept um! Komplett mit Gleichstellungsbeauftragten und Familienverträglichkeit! Die zusätzlich gelieferten SEA-KINGS sorgen dafür, dass die Offensive der Islamisten dort stecken bleibt, wo sie hingehört: in den Kinderschuhen!

Warum Lotti zahlen soll

Der CSU-Horst wollte unbedingt eine Straßenmaut für Ausländer einführen. Dummerweise verstieß dieser Vorschlag gegen geltendes EU-Recht. Da wirkte der Horst schon ein wenig wie jemand, der einen toten Esel auspeitscht um zu zeigen, wie gut er Pferde im Griff hat!

Aber der Ausländer (das wird man doch wohl noch mal sagen dürfen...) ist ein Problem. Schließlich gibt es sehr viele davon. Auf jeden Deutschen kommen ungefähr 100 Ausländer weltweit. Da kann man es schon mit der Angst bekommen! Und wenn die dann so über die Autobahn rasen ... Überhaupt verursachen Ausländer immense Kosten. Unsere Datenautobahnen nutzen sie schließlich auch! Da ist man im Nachhinein schon fast froh, dass der BND Daten abgreift und so indirekt eine Datenmaut errichtet hat!

Was ist mit den Wasserwegen? Da ist ausländisches Verhalten auch sehr teuer. Weil die Tschechen zu blöde sind, den Regen abzuleiten, überschwemmt die Elbe! Da könnte man doch auch mal eine kleine Maut andenken ... Oder die Tiere! Seit die Polen die Grenze geöffnet haben, stürmen Horden von Ostblock-Wildschweinen nach Deutschland und stürzen sich kollisionsfreudig vor unsere Autos! Millionenschäden! Und polnische Wölfe reißen in der deutschen Heide neuerdings deutsche Schafe – und damit ist nicht nur der Marek gemeint, der in der Dorfdisco die Katrin abschleppt ...!

Wie bitte? Ausländer berappen über die Mineralölsteuer beim Tanken in Deutschland schon fast doppelt so viel wie sie hier an Infrastrukturkosten verursachen? Ach so ... Aber irgendwas muss man doch tun gegen die Ausländer! Vielleicht mal gucken, ob das Flüchtlingsheim wirklich feuerfest ist ...

Dilemma des Islam

Ich hatte bereits früh Berührung mit dem radikalen Islam. Gleich nach dem Abi reiste ich mit ein paar Freunden nach Pakistan und traf dort auf die ersten Taliban. Der Kontrast hätte größer nicht sein können: Auf der einen Seite diese bärtigen, sexuell unterdrückten Radikalen – auf der anderen Seite die Taliban ...

Und die waren drauf: Als Deutscher war man bei denen total beliebt. Wegen Hitler! „What you think, Hitler, good man,

no." Was soll man da sagen? Die waren bewaffnet, ich nicht. Ich druckste eine Weile rum und sagte dann: „Ja, das fand mein Großvater auch!" Arschlöcher.

Aber die Geschichte des Islams ist ja ein wenig traurig. Es hatte so vielversprechend angefangen. Wissenschaft und Philosophie blühten, bis dann etwa im 11./12. Jahrhundert das „Tor zur Erkenntnis" geschlossen wurde und die Torfköppe das Kommando übernahmen! Bis heute wird gerätselt, was da passierte. Vielleicht hat es ein wenig mit der Stellung der Frau zu tun. Gesellschaften, in denen Frauen gleichberechtigt sind, liegen meist wirtschaftlich vorn – wenn die Weiber aber nix zu melden haben, haben die Männer so viel damit zu tun, sie zuzuhängen wie wandelnde Garderobenständer, dass ihre Kreativität total erschlafft.

Als ich das vor Jahrzehnten meinem Talibanfreund Achmed in Pakistan erklärte, meinte er, „Na ja, aber wenigstens das Kopftuch muss doch sein." „Nö", erwiderte ich, „es gibt nur eine heilige Schrift, die die strikte Einhaltung des Kopftuchs fordert, und zwar so: „Eine Frau aber entehrt ihr Haupt, wenn sie es beim Beten nicht verhüllt". Und das ist aus der Bibel (Korinther 11,5)! Also mach dir bitte klar, Achmed, dass muslimische Frauen, die ein Kopftuch tragen, im Grunde eher dem Neuen Testament folgen als dem Koran!"

Da nutzte dem Achmed sein doofer Hitler auch nix mehr!

Was historisch zu Deutschland gehört

Deutschland diskutiert erregt: Gehört der Islam zu Deutschland? Historisch gesehen, meinte ein ehemaliger Innenminister, gehöre der Islam nicht zu Deutschland. Das regt viele auf, ist aber wahr. Mittlerweile, sagte der einstige Bundespräsident Wulff, gehöre der Islam aber schon zu Deutschland. Regt auch viele auf, ist aber genauso wahr.

Nun ist jedoch nicht alles, was historisch gesehen zu Deutschland gehört, großartig. Da gab es schon ziemliche Ausreißer: Hungersnöte, Folter, Judenvernichtung! Auch Hexenverbrennungen, die historisch ebenso zu Deutschland gehören, waren nicht der Weisheit letzter Schluss. Zyniker argumentieren allerdings, dass damals wenigstens die Frauenquote stimmte!

Historisch gesehen wurden auch gerne mal ungefähr 5000 Sachsen an einem Tag geköpft, etwa von Karl dem Großen in Verden an der Aller. Es stimmt froh, dass Sachsen mittlerweile Urlaub in Niedersachsen machen können, ohne ihren Kopf zu verlieren. Obwohl ich neulich einige Dresdner in Hannover sah, die immer noch etwas kopflos wirkten...

Andererseits sind einige der Dinge, die „historisch gesehen" nicht, „mittlerweile" aber doch zu Deutschland gehören – dauerndes Handybimmeln im Zug, Merchandising Meetings oder Internet-Kriminalität – ebenfalls nicht so wünschenswert. Die Warteschleife etwa hat rein historisch auch nichts in Deutschland verloren. Sie ist sogar wegen des Bluthochdrucks, den sie auslöst, für die Volksgesundheit noch wesentlich gefährlicher als der Islam! Warum redet da keiner drüber?

Vielleicht kann man die ganze Debatte einfach abkürzen: Die Welt verändert sich! Manchmal ist das toll. Manchmal nicht.

Warum die Tüten sterben

Einmal hin, alles drin" stand neulich auf einer Plastiktüte. Wahnsinn, dachte ich, erst durch die Plastiktüte hat Homo sapiens der Erde seinen Stempel aufgedrückt! Durch deren Ausbreitung und Entsorgung in den Weltmeeren wissen jetzt sogar Tiefseefische: Menschen sind Arschlöcher!

In vielen tausend Jahren wird nach dem Aussterben der Menschheit nur noch die Plastiktüte von unserer Zivilisation künden. Was werden Außerirdische dann denken? „Was für Wesen waren das, X73y887?" „Keine Ahnung, Y4tr79, aber sie müssen unglaublich viele Tentakel zum Tragen von Plastiktüten mit blöden Sprüchen drauf gehabt haben! Aber jetzt sind sie nun ‚einmal hin', da ist für uns auf diesem Planeten ‚alles drin'!"

Jetzt will die EU die Plastiktüterei einschränken. Tütensteuern, Tütenpfand – irgendetwas Tütenhinderliches wird kommen. Ausgenommen sind extrem dünnwandige Plastiktüten – also die, durch deren Reißen die Sahnebehälter auf dem

Asphalt zerplatzen. Dünnwandige Plastiktüten verhalten sich zu normalen Einweg-Plastiktüten also wie Energiesparlampen zur Glühbirne!

Der Vatikan wird die Initiative der EU wohl unter der Voraussetzung begrüßen, dass auch Kondome als Plastiktüten behandelt werden! Schließlich ist es nach Willen der Kirche die Definition einer guten katholischen Dame, wenn man von ihr sagt: Sie hat von „Tüten und Blasen" keine Ahnung!

Zuspruch fand die EU-Initiative auch bei meinem Hippie-Freund Willy: „Wie? Der Tütenverbrauch pro Kopf soll auf 90 Tüten pro Jahr bis 2019 sinken? Dann kann ich dieses Jahr ja noch 88 Joints rauchen!" Willy lebt übrigens nach dem Motto: „Einmal drin – alles hin!"

Warum wir mehr Überwachung brauchen

Hilfe, Überwachung! NSA-Prism, XKeyscore, Tempura und wie die Überwachungsprogramme sonst noch alle heißen, da läuft es den meisten kalt den Rücken runter. Ich persönlich meine allerdings, dass wir nicht weniger, sondern mehr Überwachung brauchen. Jawoll! Denn es gehen ja auch Daten verloren. Natürlich. Grade in männlichen Gehirnen! Das kann jede Ehefrau bestätigen, die ihren Mann mit einer Einkaufsliste losschickt, die mehr als zwei Punkte umfasst. Da geht unterwegs ein Drittel der Daten verloren. Wenn er Brot, Sahne und Kirschmarmelade mitbringen soll, kommt er ohne Kirschmarmelade wieder. Und das führt zu ehelichen Konflikten!

Da wäre es doch sinnvoll, wenn man im Supermarkt steht und merkt, man hat die Einkaufsliste nur unvollständig im Datenspeicher, dann ruft man halt beim Verfassungsschutz an: Hört mal, ihr kennt euch doch aus – was stand auf der blöden Liste? Und dann sagen die wahrscheinlich: Oh, tut uns leid, das gehört zu den zwei Datensätzen, die wir aus Versehen an die Amerikaner weitergegeben haben, und dann hacken Sie sich beim NSA rein, aber die Liste ist als top secret schon weitergewandert zum Tempura-Programm der Engländer, die es aber ihrerseits als zu heiß empfanden, zurückschickten an die CIA, die die Liste in die Befehlszeile des Computer-Virus Stuxnet einbauten, der iranische Atomanlagen sabotiert, und ein nochmaliger Zugriff auf die Einkaufsliste löst eine atomare Weltkatastrophe aus, die den gesamten Erdball in eine rote breiige Masse verwandelt – und dann fällt es Ihnen wieder ein: Kirschmarmelade!

Huberts Fehlentschei-
dung der Woche

Warum die Mauer wieder kommt

Ein teuflischer Plan: Der Finanzminister plant, Bundeslän-der-Einkommen- und Lohnsteuern regional gestalten zu las-sen. Klingt erst mal nach freundlichem Wettbewerb, hat aber knallharte Konsequenzen: Die wohlhabenden südlichen Bun-desländer werden die Steuern massiv senken. Bayern mutiert zur „Schweiz light"! Die stark verschuldeten nördlichen und vor allem die östlichen Bundesländer werden ihre Steuern er-höhen. Alle, die es sich leisten können, ziehen nach Bayern oder Baden-Württemberg. Wer hätte gedacht, dass Villingen-Schwenningen mal „Steuerparadies" wird?

Um das finanzielle Ausbluten der nord-östlichen Bun-desländer zu verhindern, gibt es verstärkte Kapitalverkehrs-kontrollen an der Demarkations-Linie zwischen neuen und alten Bundesländern.

Spezielle Finanzeinheiten, sogenannte Volkseigentums-Polizisten (kurz Vopos), verhindern, dass wohlhabende Bürger Kapital und Wohnsitz transferieren. Das heimliche Über-schreiten der „Steuergrenze" wird durch eine Verminung des Grenzstreifens sowie Selbstschussanlagen vereitelt. Nach einigen Monaten gründen die östlichen Bundesländer die „Deutsche-Steuer-Schutz-Republik", kurz DSSR!

Als nach einer weiteren Reform auch Bezirke Steuerfrei-heit erhalten und daraufhin Reinickendorf, Charlottenburg-Wilmersdorf, Tempelhof-Schöneberg und Steglitz-Zehlendorf ebenfalls Steuern senken, werden sie durch einen „Anti-Steu-erflucht-Schutzwall" vom Rest der Stadt isoliert. In 20 Jahren heißt es in Hellersdorf: „Es war doch nicht alles schlecht in der Bundesrepublik!"

Andererseits: Auch 'ne Methode, die Schwaben wieder aus dem Prenzlauer Berg rauszukriegen!

Warum jetzt an Migrantentischen deutsch geredet wird

Der CSU ist neulich aufgefallen, dass Migranten nicht so wahnsinnig gut deutsch sprechen. Das soll geändert werden. Daher will die Partei jetzt in ihr Parteiprogramm schreiben, dass Migrantenfamilien zwecks besserer Integration auch daheim am Küchentisch deutsch sprechen müssen! Das finde ich eine interessante Initiative, weil das etwas ist, was Norddeutsche sich schon seit Jahren auch von Bayern wünschen!

Aber ist das sinnvoll? Wenn ein Libanese auf einmal nicht mehr arabisch, sondern tiefes Bayrisch redet – ist das noch integriert oder schon pervers? Und ist es wirklich eine Verbesserung, wenn der Türke für „Masturbieren" nicht mehr „Würg de Gürk" sagt, sondern „am Preißn reißn"?

Wird die CSU das Deutschgebot überprüfen, indem der CSU-Abgeordnete persönlich vorbeischaut und mit den Migranten Vokabeln paukt? Oder kommt die Hi-Tech-Lösung – die Amazon Lieferdrohne schneidet nach Abgabe des neuen Flachbildschirms einfach Konversationen mit und erteilt bei „Ausländisch" sofort einen kleinen Stromschlag? Was ist, wenn das Ding sich verfliegt und einen Bayern bei Verwenden der lateinischen Worte „Servus" oder „Sakrament" abstraft?

Dabei fördert die CSU doch mangelnde Deutschkenntnisse, indem sie Migranten per Betreuungsgeld das Daheimbleiben der Kleinen subventioniert, und die Kinder dadurch eben nicht in der Kita Deutsch lernen! Sich jetzt über jenes Manko zu beschweren, erinnert ein wenig an den Betrunkenen, der unter einer Laterne seinen Schlüssel sucht. Einige Passanten kommen ihm zu Hilfe, können den Schlüssel aber auch nicht finden. Irgendwann fragt einer: „Wo haben Sie den Schlüssel denn verloren?" „Da drüben im Gebüsch!" „Aber warum in alles in der Welt suchen Sie dann nicht dort?" „Sind Sie verrückt? In der Dunkelheit?"

Warum Weihnachten eine islamische Verschwörung ist

Überall wird dieser Tage von besorgten „Patrioten" demonstriert, die sich gegen die angebliche Islamisierung des Abendlandes (Pegida) zu wehren glauben. Unter anderem weisen sie besorgt darauf hin, dass etwa aus Angst vor den Islamisten in Kreuzberg der Weihnachtsmarkt mittlerweile „Winterfest" heißt (was übrigens nicht stimmt – das Winterfest hieß schon immer Winterfest, völlig freiwillig). Leider greifen Pegida-Verschwörungstheorien zu kurz, so dass ich an dieser Stelle die ganze, brutale Wahrheit aufklären muss: Das ganze Weihnachtsfest ist letztlich eine jüdisch-islamische Verschwörung!

Die Beweise sind erdrückend. Auf wen geht das Weihnachtsfest zurück? Jesus! Wer war Jesus? Ein jüdischer Palästinenser mit ägyptischen Wurzeln, vermutlich dunkelhäutig, überdies ein Flüchtlingskind. In Deutschland wäre der in Abschiebehaft gewesen, bevor er „buh" hätte sagen können! Jesus wurde von jüdischen Islamisten, den sogenannten „Weisen aus dem Morgenland" geschickt indoktriniert, um anschließend die „Christenheit" zu begründen, eine weitere jüdisch-islamische Erfindung, die ihre Anhänger dazu animiert, einander in der Weihnachtszeit Sachen zu kaufen, die keine Sau braucht. Und warum? Damit mehr Erdöl abgesetzt wird!

Noch weitere Beweise fällig, dass Weihnachten ein islamistisches Fest ist? Der Weihnachtsmann! Welche Farbe hat der? Rot-weiß! Schon mal die Flagge der Türkei betrachtet? Rotweiß! Auf wen geht der Weihnachtsmann zurück? Nikolaus! Wo lebte der? Türkei! Wer hat noch damit zu tun? Rot-weiß? Richtig: Coca Cola – ein islamisches Zuckergetränk, das Ungläubige durch Diabetes ausrotten möchte.

Und welche Farbe hat der Weihnachtsbaum? Grün! Die Farbe des Propheten!

Der Weihnachtsmarkt ist also nur eine dem muslimischen Bazar nachempfundene Ausbeutungsmasche der Islamisten!

Hier sehen Sie sehr schön, in welche Bestandteile sich Ihr Vermögen auflöst, wenn Sie nichts unternehmen.

Aber Chin, höre ich die Pharisäer sagen, der Islam ist doch erst nach dem Christentum entstanden ... Da sieht man die Perfidie des Ganzen: Mohammed war der erste islamistische Schläfer – er wurde erst nach Hunderten von Jahren aktiviert, um die Christen in Sicherheit zu wiegen!

Sogar das Abendland ist eine islamische Erfindung! Denn das Abendland ist gar nicht das Abendland. Wenn man nämlich von Arabien aus ganz weit Richtung Sonnenaufgang schaut, blickt man über Asien, Amerika bis nach Europa! Wir sind also das Morgenland der Weitsichtigen! Und wer von Europa aus ganz weit in den Sonnenuntergang schaut, erblickt Palästina!

Verwirrung entsteht nur, wenn der Blickwinkel zu kurz ist!

Schauen wir noch etwas tiefer – woher kommen die ganzen Juden und Muslime? Von den ganz frühen Menschen. Und woher kommen die? Aus Ostafrika. Das ist doch das wirklich Gemeine: Wir Germanen sind im Prinzip Mutanten-Neger mit ner schweren Pigmentstörung, die 99,98 % des Genpools mit Bonobo-Schimpansen teilen, ohne deren erfolgreiches Sozialverhalten übernommen zu haben!

Dagegen sollte mal demonstriert werden!

Warum Deutschland so viele Waffen exportiert

Deutschland ist weltweit der drittgrößte Exporteur von Waffen – nach den USA und Russland. Befürworter von Rüstungsexporten argumentieren gern mit den „Arbeitsplätzen", die andernfalls bedroht sind und dass es halt jemand anderes macht, „wenn nicht wir" es tun und dass es doch eine grobe Enttäuschung für jemand wäre, von einer diktatorisch-russischen Billig-Pistole erschossen zu werden und nicht einem „perfekten Tod made in Germany" zu erliegen. Und sie sagen: Eine Waffe an sich ist ja nichts Schlechtes (sie sollten mal sehen, wie lieb ein Panzer gucken kann!), sie wird erst schlecht in den falschen Händen.

Leider gibt es wahnsinnig viele falsche Hände, die auf die richtige Waffe warten. Manchmal sind es auch richtige Hände, die richtige Waffen in falsche Hände weitergeben. Die Gewehre für die Peschmerga tauchten jetzt bei der (in Deutschland verbotenen) PKK auf. Konnte ja keiner wissen, dass irakische und türkische Kurden in einem ähnlichen Zusammenhang stehen wie Aldi-Nord und Aldi-Süd! Kein Wunder, dass der Erdogan da eine mittelschwere Psychose entwickelt und verwirrt um sich bombardiert.

Manchmal sollen richtige Waffen in die richtigen Hände geraten, wie zum Beispiel in Saudi-Arabien, was aber gar nicht mehr geht, weil die richtige Hand bereits wegen Scharia-Strafe abgehackt ist und dann nur noch die falsche Hand eine richtige Hand hat. Es ist komplex. Zumal jetzt die Frage aufgetaucht ist, ob Saudi-Arabien, das sich in seinem brutalen Strafkatalog fast gar nicht vom „Islamischen Staat" unterscheidet, überhaupt noch richtige Hände hat.

„Aber in der Rüstungsindustrie entstehen doch auch wichtige technische Neuerungen", heiße es gern unter Verweis auf den Klett-Verschluss, der angeblich in der militärischen Raumfahrt entstand. Jener Klett-Verschluss, durch dessen unsachgemäße Wäsche ich neulich einen teuren BH meiner Frau zerlegte. „Siehst du," sagte sie im Umkehrschluss, „ohne den ersten Mann auf dem Mond müsstest du mir jetzt keinen neuen BH kaufen!"

Sinnvoll wäre es, alle Pistolen und Gewehre mit einem Chip zu markieren, damit man wie beim IPhone weiß, dass das Ding grade auf dem Weg in den Balkan ist! Oder noch besser: Wir bauen nach dem Glühbirnen-Prinzip Waffen mit begrenzter Haltbarkeit. Ach so, haben wir ja bereits. Das nennt sich dann G36 von Heckler und Koch. Das G36 könnte man sogar gewinnbringend an den Islamischen Staat verkaufen. Oder an Herrn Erdogan. Damit auch die endlich mal Gewehre haben, die daneben schießen!

Warum BER im Prinzip fertig ist

Ein erneuter Korruptionsfall erschüttert den Berliner „Fluch-Hafen" – es geht um etwa zwei Millionen, die geflossen sein sollen, um eine Überweisung ungeprüft zu veranlassen. Vermutlich lief der Vorgang ungefähr so ab:

„Wenn Sie uns 65 Millionen ungeprüft überweisen, möchten wir Ihnen gerne diesen Geldkoffer mit einer Million Euro drin schenken."

„Ich darf keine Geschenke annehmen."

„Na gut, dann verkaufen wir Ihnen diesen Koffer im Sonderangebot für zehn Euro."

„Oh, in dem Fall nehme ich zwei davon!"

Alle schreien: Korruption – in unserer Mitte! Ich sage: Gut so. Der „neue" Flughafen signalisiert unseren von deutscher Perfektion gedemütigten, südeuropäischen Nachbarländern: Relax – wir können auch griechisch! BER offenbart, dass man die Reise auf den Balkan sehr umweltbewusst bereits mit einem Nahverkehrsticket der BVG machen kann! Und es hat ja auch etwas Sympathisches, dass der Orient schon in Schönefeld beginnt. Araber mit Heimweh drehen eine Runde über den korrupten Bau und können sich den teuren Heimflug schenken, denn die Bakschisch-Mentalität hat in Preußen Einzug gehalten!

Diese Angebote gilt es auszubauen. Warum in den Urlaub fliegen und sich in Tegeler Fluch-Schuppen wie Schlachtvieh drängeln, um an überfüllte, teure Strände zu reisen, wenn man bereits im märkischen Sand ein mediterranes Ambiente vorfindet? Komplett mit Geldumschlägen, bürokratischem Hürdenlaufen und mauschelnder Inkompetenz! Sollte Ihnen dieser Urlaub im März noch etwas zu kalt sein – zünden Sie im Abflugterminal ein kleines Lagerfeuer an! Der Brandschutz kommt Ihnen dabei garantiert nicht in die Quere!

Warum unsere Kinder kaum was wert sind

Kinder sind Terroristen! Wer mit ihnen zu tun hat, weiß, dass sie vor nichts zurückschrecken, um ihre meist völlig unberechtigten Interessen durchzusetzen, etwa „niemals Brokkoli zu essen". Außerdem sind sie verschlagen und beratungsresistent, was etwa die folgende Konversation belegt: „Iss dein Brot!" „Ich mag kein Brot." – „Brot essen macht groß und stark!" „Warum muss ich groß und stark werden?" – „Damit du dein täglich Brot verdienen kannst!" – „Aber ich mag doch gar kein Brot!"

Zusätzlich werden Kinder auch noch andauernd krank, weil sie an anderen Kindern lecken oder so. All das zerrüttet nicht nur die Eltern, sondern auch die Wirtschaft, weil wenigstens ein Elternteil kranker Kinder nicht arbeiten geht. Und jetzt streiken auch noch die Erzieher für höhere Gehälter! Woraufhin noch mal ein Elternteil nicht arbeiten gehen kann. Haben die ein Rad ab? Das ist volkswirtschaftlicher Terrorismus!

Zugegeben, so ein Erzieher verdient nicht so wahnsinnig viel Geld. Etwa 2000 Euro im Monat. Brutto. Aber dafür haben sie auch den ganzen Tag mit den süßen Kleinen zu tun. Mit kurz geratenen, lauten, schreienden, ungehorsamen Terroristen bar jeder Empathie für leidende Erwachsene! Mit Terroristen. Für Terrorismusexperten und Menschen, die das Lebend-Kapital unserer Zukunft verwalten, sind sie sogar extrem unterbezahlt!

Ganz im Gegensatz zu Menschen, die Tot-Kapital verwalten. Investmentbanker etwa mit Millionengehältern. Man könnte auch sagen: Unsere lebende Zukunft ist uns nichts wert! Und wenn man sich ansieht, mit welcher Vehemenz wir alle im Wachstumswahn daran arbeiten, diese Zukunft zu zerstören, dann ist der Investitionsmangel in unsere Kinder ja auch eine realistische Konsequenz. Für Zukunftslosigkeit muss man auch nicht noch Geld zum Fenster rausschmeißen. Schade eigentlich!

KAPITEL 4

DER REICHTUM
DER ANDEREN

Warum Uli Hoeneß die Welt rettet

Erinnern Sie sich noch an diesen Prozess gegen Uli Hoeneß? War das nicht sensationell? Wie am ersten Prozesstag seine Steuerschuld von 3,5 auf 28,5 Millionen anstieg? Dann verurteilten sie ihn blitzschnell und ich habe mich immer gefragt: Was wäre wohl rausgekommen, wenn man ein paar Tage länger prozessiert hätte ...? Und die 70.000 Seiten belastendes Material durchgelesen hätte?

So hätte es laufen können: Nach nur einer Woche Prozess gegen Uli Hoeneß kommt bei einem konstanten Vermehrungsfaktor eine Steuerschuld von acht Billionen Euro zusammen! Das reicht, um die Staatsverschuldung der Bundesrepublik gleich viermal hintereinander zu tilgen. Nach einem weiteren

Wir alle haben doch unsere Probleme. Was glauben Sie, wo mir das Wasser steht?

Prozesstag ist schon genügend Geld da, um sämtliche Staatsschulden sämtlicher Staaten der Welt auf einen Schlag zu tilgen.

Bei nur elf Tagen Prozessdauer reicht dann die aufgelaufene Steuerschuld, um jeden einzelnen Erdbewohner zum Multimillionär zu machen, den Welthunger zu beenden und Wladimir Putin die Krim, die Ukraine und Gerhard Schröder wieder abzukaufen! Dauert der Prozess zwei Wochen, kommen noch die Milchstraße und ein oder zwei Nachbargalaxien dazu! Am fünfzehnten Prozesstag lächelt sogar Angela Merkel! Und der Franz Beckenbauer sagt: „Ja, gut, der Uli hat das sicherlich bloß übersehen, aber jetzt reicht das Geld ja, um Gott die Schöpfung abzukaufen und äh… da muss man ihm auch ein wenig dankbar sein!"

Warum der Organhandel in der Schweiz erblüht

Die Schweiz will die Einwanderung begrenzen. Das heißt im Klartext: Deutsche raus! Bevor wir jetzt ein Land kritisieren, dessen Bewohner sich ständig mit „Grütze" begrüßen, sollte man verstehen, was es heißt, Einwanderer zu haben, die sich null integrieren wollen und trotzdem die Landessprache besser beherrschen als die Einheimischen! Das ist, als würden die Türken uns ständig über den richtigen Gebrauch „von dem Genitiv" maßregeln!

Die Abschottung der Schweiz wird schlimm. Vergleichbar mit dem Elend afrikanischer Armutsflüchtlinge entstehen über kurz oder lang auch an der Grenze zur Schweiz Flüchtlingslager, in denen deutsche Wirtschaftsflüchtlinge darauf warten, bei Nacht und Nebel die Grenze zu überqueren und heimlich einen Job als Klinikchef zu ergattern! Kurz gesagt: Der Bodensee wird das neue Mittelmeer! Wir werden uns an folgende Nachrichten gewöhnen müssen: „Schon wieder sank vor Romanshorn ein kleines Schnellboot, das mit 400 Top-Bankern überladen war! Die Grünen fordern, die Leichen müssten als Sondermüll entsorgt werden ...“

Die Flüchtlings-Camps um den Bodensee und Lörrach herum werden bald vor Juristen, Bankern und Chirurgen nur so überquellen. Die meisten der neuen deutschen Elendsklasse leiden zudem unter einer hohen Steuerlast! Irgendwann werden sie aggressiv, die Juristen verklagen einander, die Banker verkaufen sich gegenseitig Finanzprodukte, die hochvolatil sind und als Bonusrendite einen Schlepperdienst nach Basel beinhalten. Und die Chirurgen fangen an, alle anderen zu operieren! So blüht der Organhandel an der Schweizer Grenze auf – nur ein Spenderherz lässt sich nicht auftreiben. Die meisten der Juristen und Banker haben nämlich kein Herz!

Warum wir europäisch bleiben sollten

Die Griechen hatten schon immer ein etwas gespaltenes Verhältnis zu Europa. Schon in der Antike. Dem Mythos zufolge war Europa ursprünglich eine phönizische Prinzessin (Phönizien lag ungefähr da, wo heute Israel, Libanon und Syrien sind). Zeus hatte sich in sie verliebt, in einen Stier verwandelt und nach Kreta entführt, wo er drei Söhne mit ihr zeugte. In

anderen Worten: Unser Kontinent ist ein gekidnappter Nahostflüchtling, und die Griechen haben rein historisch sehr viel Erfahrung damit, Europa zu missbrauchen!

Einer der Söhne aus dieser Verbindung hieß Minos und wurde König der Kreter. Unglücklicherweise hatte Minos Poseidon gegen sich aufgebracht, so dass Letzterer die Gattin des Minos dazu verführte, sich mit einem Stier zu paaren (man hatte als Stier in diesen Tagen kein besonders ruhiges Leben!). Sie gebar daraufhin den Minotaurus, welcher halb Mensch, halb Bulle war und ständig Jungfrauen vernaschen musste. Als späte Nachkommen des Minotaurus gelten Silvio Berlusconi und Dominique Strauss-Kahn!

Der Minotaurus wurde später vom attischen Prinzen Theseus besiegt. Ein Grieche! Wir fassen zusammen: Ohne die Griechen hätten Stiere und Jungfrauen ein sehr viel ruhigeres Leben, und weder Italien noch Frankreich oder Spanien hätten unter Machos zu leiden, die testosterongesteuert miese Wirtschaftsentscheidungen treffen!

Andererseits gäbe es unseren Kontinent ohne die Griechen aber auch nicht. Dann hieße dieser Teil der Welt nicht Europa, sondern nur „Westasiatischer Zipfel". Das kann uns jetzt wieder blühen. Wollen wir das?

Wie die Griechen Steuern zahlen

Vielfach wird so getan, als würden wir den Griechen helfen. Das ist falsch. Es ist bloß billiger, den Euro zu retten als es zu lassen. Natürlich müssen die Griechen auch etwas tun. Steuern zahlen zum Beispiel. Viele Hellenen wohnen mental immer noch im Osmanischen Reich: Je mehr Steuern man

So sehr überzogen war unser Konto nun auch nicht.

hinterzieht, desto mehr schadet man dem Sultan. Jetzt ist der Sultan weg, nur die Mentalität ist geblieben ...

Um Steuern zu verstehen hilft es, mal in einer WG gewohnt zu haben. Wir hatten meist eine WG-Kasse für Anschaffungen, die alle betrafen, also Klopapier, Scheuermittel... und Tampons! Genau an dieser Stelle gab es meist Konflikte, weil die einen meinten, dass doch kein Schwein Tampons braucht. Und die anderen sagten, das wäre richtig, aber es gäbe schließlich nicht nur Schweine in der WG, sondern auch ein paar Frauen. Und die Frauen waren in der Überzahl! Also machten wir einen Kompromiss: Tampons wurden kommunal finanziert, das Bier allerdings auch! Auf diese Weise entstehen Subventionen! Und weibliche Alkoholikerinnen, die versuchen, ihre Investition zu retten und die Jungs unter den Tisch zu saufen!

Vielleicht ist es an der Zeit, die weltweite Abgabenlast zu erleichtern, indem man das harsche Wort „Steuer" durch ein positiv besetzteres Nomen ersetzt. Wie wäre es mit „Freibierzuschlag"? Mit jedem Steuerbescheid gibt es automatisch eine Flasche Freibier! Als freundliche Marketing-Geste des Finanzamtes. Mein Freund Karl-Heinz hat schon mal ausgerechnet, wie viel Steuererklärungen pro Jahr er abgeben muss, um seine Tagesdosis von drei Flaschen Bier abzudecken!

Wie sich Steuermentalitäten unterscheiden

Zum Jahresende hin suchen viele Menschen verzweifelt nach Steuersparmöglichkeiten. Die meisten Deutschen sind zwar

der Ansicht, dass der Staat schon etwas Geld kriegen sollte, aber bitte auf keinen Fall zu viel. Und schon gar nicht von mir! Die „Hühner-Metapher" hilft uns, die Unterschiede zu verstehen.

SPD-Wähler: Du hast zwei Hühner, die je ein Ei legen. Du zahlst ein Ei als Steuern an die Regierung. Du fühlst dich gut. Udo Lindenberg singt ein Lied für dich. Du versuchst Gerhard Schröder zu vergessen!

CDU-Wähler: Du hast zwei Hühner und zwei Eier. Du zahlst ein Ei Steuern. Du fühlst dich schlecht und sehnst dich nach der FDP zurück. Du guckst einen Clint-Eastwood-Film, um dich abzureagieren.

Grüner: Du hast zwei Hühner. Es sind Bio-Hühner. Du verkaufst sie, nimmst einen Kredit auf und baust dir ein Windrad in den Garten. Leider weht kein Wind. Du zahlst gar keine Steuern mehr, fühlst dich aber viel besser als alle anderen.

Linker: Du hast zwei Hühner. Eins davon schlachtest du, um Bodo Ramelows Wahl zum Thüringischen Ministerpräsidenten zu feiern. Das andere Huhn legt keine Eier. Es ist ein Hahn! Du schlachtest ihn auch. Was für ein Fest! Du hast jetzt kein Einkommen mehr, aber wenigstens unterstützt du auch den verdammten Kapitalismus nicht mehr!

AFD: Du hast zwei Hühner. Du verkaufst deren Eier und erwirbst von deiner Partei stattdessen zu überhöhtem Preis ein Staubkorn Gold. Darauf musst du Mehrwertsteuer zahlen und ärgerst dich. Der Goldpreis fällt. Du ärgerst dich mehr. Dummerweise kannst du das Staubkorn Gold neuerdings nicht mehr finden. Das ärgert dich am allermeisten. Du verdächtigst deine südeuropäische Putzfrau und willst aus dem Euro austreten!

FDP: Du hast keine Eier mehr!

Warum ein Schuldenschnitt für Griechenland eine sichere Bank ist

Die deutsche Volksseele kocht! Die Griechen wollen einen Schuldenschnitt? Wo hat es denn so was schon mal gegeben? Welches Land hat bitteschön jemals einem anderen Land, das sich durch aggressive Finanzpolitik über alle Maßen verschuldet hatte, die Hälfte der Schulden erlassen? Welches Land war das?

Nun, äh, um ehrlich zu sein: Das war Griechenland! Es erließ Deutschland 1953 zusammen mit 22 anderen Ländern die Hälfte der Kriegsschulden und erleichterte so das deutsche Wirtschaftswunder ...

Na gut, werden viele einwenden: Wir leben jetzt aber in einer anderen Zeit! Im Kapitalismus! Jetzt wird niemand mehr gerettet, der versucht, der Allgemeinheit durch riskante Zocker-Strategien Milliardenkosten aufzubürden. Also fast niemand. Für wen halten diese Griechen sich eigentlich? Für eine Bank?

Nein, das tun sie leider nicht. Wäre Griechenland eine systemrelevante Bank, wäre es bereits gerettet! Griechenland muss aufhören, sich als „Staat" zu begreifen und anfangen, sich als Bank zu generieren! Aufgrund der vielfältigen Verflechtungen mit Deutschland sollte Griechenland sich einfach „Deutsche Bank" nennen.

Ach so, der Name ist bereits vergeben ... Aber auch in dieser Angelegenheit kann man vom „deutschen Wesen" lernen. Immerhin hat Deutschland sich 1000 Jahre lang völlig falsch als „Römisches Reich" etikettiert! Auch Lucke und seine AFD und sämtliche Pegida-Verblendete können nicht umhin, das neue Griechenland zu retten. Schließlich heißt es: „Heilige Deutsche Bank griechischer Nation!"

Warum wir alle etwas Tröglitz sind

Niemand hat was gegen Ausländer. Jedenfalls nicht, solange sie im Ausland bleiben! Zum Ärgernis wird der Ausländer erst, wenn er zu uns kommt, aus was für Gründen auch immer. Wenn etwa sein eigenes Heimatland durch Krieg in Flammen aufgeht. Dann wird der Ausländer mit einem kleinen Freudenfeuer begrüßt nach dem Motto: „Deine Heimat ist abgebrannt? Stell dir vor, dein neues Zuhause auch!"

Interessanterweise werden diese feigen, gemeinen Anschläge von genau den Leuten verübt, die das „Deutschtum" als Hort alles Guten, Edlen und menschlicher Werte verherrlichen. Eigentlich haben sie durch solche Taten nach ihrer eigenen verqueren Logik das Deutschsein verwirkt und müssten nun ausgewiesen werden. Leider will die keiner haben! Sogar Al Qaida winkt ab! Und so bleiben sie dann in ihrem drögen, witzfreien Zuhause in der deutschen Spießigkeits-Steppe. Oder auch in Tröglitz...

Das Ganze geht allerdings tiefer: Jeder von uns ist irgendwie Ausländer. Nicht nur im Ausland. Auch daheim! Am fremdesten sind wir uns selbst. Hätten Sie vor 20 Jahren einem früheren Selbst von sich gesagt: „Ich muss nachher bei Twitter und Facebook posten, dass ich den Paypal-Account deleted habe!" – dann hätte Ihr früheres Selbst erwidert: „Darf ich mal Ihre Aufenthaltsgenehmigung für dieses Hirn sehen?"

Das Fremde macht uns Angst, es ist so gewaltig, so überwältigend, dass es einen die ganze erbärmliche eigene Unwichtigkeit spüren lässt. „Ach", sagte ein Freund neulich, „für das Spüren meiner Unwichtigkeit brauch ich das Fremde nicht. Dafür reicht Frühstück mit meiner Frau!"

Vielleicht sollten gewisse Leute erst ihr eigenes Leben in Ordnung bringen, bevor sie das anderer Leute zerstören!

Warum alle zu uns wollen

Du bist ein Mörder!" Diesen Satz muss ich mir jetzt angesichts der Flüchtlingskatastrophe sagen. Immerhin bin ich stimmberechtigter Teil dieser Europäischen Union, deren offizielle

Hymne die „Ode an die Freude" mit der Zeile „Alle Menschen werden Brüder!" ist. Das haben eine ganze Reihe Leute falsch verstanden, die in kleinen Booten über das Mittelmeer schippern. Sie haben das Kleingedruckte nicht gelesen, wo es heißt: „Alle Menschen, außer denen, die südlich oder östlich des Mittelmeeres wohnen. Außer denen, die nichts haben, weil die Agrarpolitik der EU ihnen die Lebensgrundlage nimmt. Außer denen, die Verteilungskämpfen zum Opfer fallen, weil aufgrund der von Industriestaaten verursachten Klimakatastrophe sich Wüsten ausbreiten und das Wasser knapp wird. Außer denen, die sowieso schon die Arschkarte haben! Die sind keine Brüder, sondern Fischfutter!"

Neulich hielt mir irgendjemand einen Zettel unter die Nase: „Ich zahle für 300.000 Asylanten, 11 Millionen Griechen, einen unfähigen Beamtenapparat und eine Bundeskanzlerin – für wen soll ich noch alles zahlen?" Und ich dachte: „Du kleiner Fettsack! Du hast das Privileg, all das zu bezahlen und hast immer noch genug Geld über, um in einem fetten, nichtsnutzigen Geländewagen über hervorragend ausgebaute Straßen in deinen fetten, nichtsnutzigen Urlaub zu fahren und das Klima 100-mal so stark zu belasten wie ein Afrikaner! Und das nur, weil du zufällig am richtigen Ort zur richtigen Zeit geboren wurdest! Genau wie ich!" Meine lahme Antwort lautete: „Ach ja? Sieh mal an!" Was Mörder halt so zueinander sagen.

Irgendwann wurden immerhin ein paar Schiffe klargemacht, um ein bisschen Fischfutter ein paar Tage länger am Leben zu halten. Das war schon mal nicht schlecht. Besser wäre es vielleicht, die weltweite Verteilung des Wohlstands gerechter zu gestalten. Aber dann müssten die, die viel haben, ja etwas abgeben und weniger in ihren fetten Autos rumfahren. Und das ist leider nichts, worauf wir Mörder besonders scharf sind!

KAPITEL 5

MENS SANA IN CORPORE SANO ET PECUNIOSUS

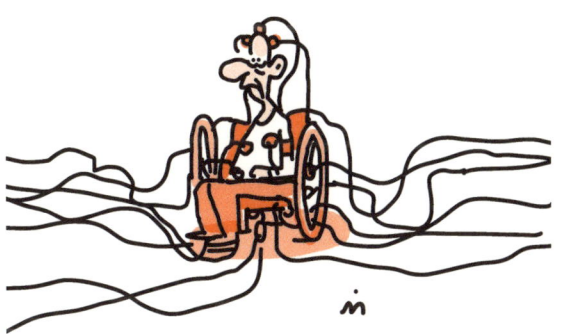

Wie Sie sich richtig pflegeversichern

Das Thema Pflegeversicherung wird gern verdrängt – noch! Das wird sich ändern, denn ein Drittel der über 80-Jährigen sind Pflegefälle, Tendenz steigend. Die beste Pflegeversicherung ist immer noch das „Rockstar-Prinzip" – die wenigsten 27-jährigen Toten waren vorher ein Pflegefall! Nicht wenige Menschen lehnen jedoch ein frühes Ableben ab und möchten anders vorsorgen. Hier kommt die Pflegeversicherung ins Spiel, die aber anscheinend finanziell nicht wirklich gedeckt ist.

Zur „solideren" Finanzierung der Pflegeversicherung soll demnächst ein „Vorsorge-Fonds" gegründet werden. Das klingt ganz toll nach Finanzmarkt, lässt aber befürchten, dass Pflege zum renditeorientierten Geschäft verkommt. Dann heißt es nicht mehr „Pflegefall", sondern „Abschreibungsbedarf".

Ich würde ja selber joggen,
aber als Manager steht
man in der Pflicht, zu
delegieren...

Demenzkranke werden als „Put-Option (Wette auf fallende Kurse) auf Junk Bonds mit hoher Ausfallwahrscheinlichkeit" geführt, und Prostataprobleme als „Liquiditätsengpässe!" Der Tod ist dann die „Schlussdividende"!

Findige Senioren buchen daher statt Altenheim lieber eine Kreuzfahrt. Die kostet genauso viel bei besserem Essen, viel Sonne, wechselnder Landschaft und freundlicherem Personal.

Zu denken gibt übrigens, dass für die Demenz-Forschung nur ein Bruchteil der Summe zur Verfügung steht, die in Schönheits-OPs fließt. Das hat zur Folge, dass wir in 30 Jahren haufenweise ältere Damen mit tollen Titten haben, die sich nicht mehr erinnern können, was man damit macht. Und ihre Männer auch nicht. Aber da die Berlusconis dieser Welt meist erst nach der Hochzeit merken, wen sie im Primär-Reiz-Rausch geehelicht haben, ist plastische Chirurgie eine der besten Pflegeversicherungen überhaupt.

Was man jetzt noch essen kann

Als ob Dioxin- und Antibiotika-Skandale nicht ausreichen, gibt es seit Kurzem eine alarmierende Studie aus den USA: Dick macht dumm! Demnach schädigt Übergewicht nicht nur den Körper, sondern auch die Hirnfunktion. Ist das nicht auch eine alarmierende Kritik an der sechzehnjährigen Kohl-Ära, unter deren Auswirkungen wir immer noch zu leiden haben? Kann man generell die Anordnungen dicker Vorgesetzter ignorieren, weil sie einem weitgehend geschädigten Hirn entspringen? Halten die SPD-Mitglieder Sigmar Gabriel nicht nur wegen mangelnder Führungsqualitäten, sondern auch wegen seines Körpergewichts für einen ungeeigneten Kanzlerkandidaten?

Und: Wird diese Erkenntnis zu einer neuen Form der Diskriminierung Übergewichtiger führen? Diese Gefahr lauert stets gleich um die Ecke, denn die Unübersehbarkeit der Dicken ist ihr größter Nachteil. Heroinsüchtige Alkoholiker verzapfen auch allerhand Schwachsinn, werden dafür aber am Strand nicht ganz so häufig mit Walen verwechselt. Andererseits ist bei Weitem nicht erwiesen, dass schlanke Menschen notwendigerweise schlauer sind. Von Kate Moss etwa sind bisher keine Thesen bekannt, die es mit denen von Einstein aufnehmen könnten – abgesehen von der Erkenntnis, dass drogensüchtige Rockstars auf die Dauer krank machen.

Auch ich empfinde die Ergebnisse der Studie als bedrohlich. Ich wiege seit Kurzem nämlich drei Kilo mehr. Und als ich neulich meinen Hochzeitstag vergaß (nicht komplett zum Glück, nur bis meine Frau mich dran erinnerte), fragte ich mich besorgt: „Setzt die übergewichtige Dummheit bereits ein?" Nein, tröstete mein Weib, ich sei derselbe Idiot wie immer!

Fury in der Pfanne

Ich liebe Lebensmittelskandale! So wie andere Leute Gruselfilme lieben. Wobei ich finde, dass Lebensmittelskandale auch haufenweise positive Begleiterscheinungen haben. Der Pferdefleischskandal vor einiger Zeit zum Beispiel hat unsere Kommunikation ursprünglicher gemacht. Wenn eine Frau vor zehn Jahren zu einem Mann sagte: „Mach mir den Hengst!" ...

dann war das ein erotisches Angebot! Heute hat die einfach nur Hunger!

In meiner Jugend gab es die TV-Serie „Fury". Fury war ein schwarzes Pferd, das guten Menschen half und Böse strafte. So was wie der Collie „Lassie", nur eben als Hengst. Da wir alle Pferde lieben, ist es natürlich eklig, dass Fury jetzt in der Pfanne brutzelt!

Wenn ich im Supermarkt an der Fleischtheke stehe, erstaunen mich die niedrigen Fleischpreise. Um so billig zu produzieren, muss man halt etwas schneller arbeiten als normal. Und etwas unsauberer. Da kann es schon mal passieren, dass das eine oder andere falsche Viech dazwischenrutscht! Hier ein Esel, da eine Ratte, dort ein bisschen Sägespäne. Das sind Kollateralschäden eines günstigen Fleischpreises. Wundert mich, dass sie noch kein Hundefleisch gefunden haben in der Ponylasagne! Was passiert mit toten Hunden? Schließlich werden doppelt so viele Hunde eingeschläfert wie adoptiert. Und wenn man merkt, wer demnächst verstärkt anfangen wird, Fleisch zu essen: 1,2 Milliarden Chinesen, 1,2 Milliarden Inder – so viel können Sie gar nicht massentierhalten, um diese Nachfrage zu befriedigen! Da werden wir früher oder später auf den Hund kommen müssen! Dann heißt es demnächst bei Ihrem Fleischer: Heute Rollmops – mit echten Möpsen! Irgendwann wird die Nachfrage so groß sein, dass sogar Kannibalen Ihr Fleisch dazwischenschmuggeln. Immer nach dem Motto: „Natürlich ist da Schwein drin – mein Vermieter!"

An der Fleischtheke packt mich die Wut. Ich möchte losschreien: „Das ist eure eigene Schuld. Weil euer Geiz so geil ist! Wer kacke zahlt, muss sich nicht wundern, wenn er Kacke frisst!" Stattdessen sage ich: „Haben Sie noch das Sonderangebot?" Wenn also demnächst nicht nur Fury, sondern auch Lassie in der Pfanne schmort, wissen Sie, wer dran schuld ist.

Was es in der EU-Kantine bald zu essen gibt

Die EU-Kommission in Brüssel bescherte uns jüngst zwei wichtige Neuerungen, die unser Essen betreffen. Zum einen muss importiertes Klonfleisch nicht gekennzeichnet werden. Wobei der Begriff etwas eklig ist: „Importiertes Klonfleisch". Früher schrieb man stattdessen noch ganz artig „Frisch operierter, großbusiger Hollywoodstar kommt nach Deutschland"! Wie dem auch sei – wir werden in Zukunft aufgrund mangelnder Kennzeichnung nicht mehr unterscheiden können, ob unser Steak Mama und Papa hatte, oder halt nur Mama ... In gewisser Weise hat das sogar eine religiöse Komponente – Jesus kam schließlich auch ohne Vater zur Welt. Damals war das wohl nicht weiter ungewöhnlich. Jedenfalls wurde er nirgends als „Gottesklon aus Bethlehem" angefeindet ...

Die zweite Neuerung betrifft Essen aus Japan. Hier wurde eine alte Verordnung aus dem Jahr 1987 aktiviert, die die Strahlungs-Grenzwerte von bisher 370 Becquerel auf 1000 Becquerel hochsetzt! Das ist ein gar schlaues Ding und eine effektive Methode, Strahlenschäden zu begrenzen – man erklärt sie per Verordnung für ungefährlich! Diese Methode gilt es schrittweise weiterzuverfolgen, bis ein Wert von 7000 Millisievert keine tödliche Strahlendosis mehr ist, sondern nur ein „Paradies-Eintritts-Beschleuniger".

Da wenig belastbare Daten vorliegen, welche die Wirkung des Konsums von Klonfleisch oder strahlenbelasteten Lebensmitteln belegen, schlage ich Folgendes vor: Ab sofort gibt es in der Kantine der EU-Regierung und allen anderen europäischen Parlamenten nur noch Klonfleisch aus Fukushima. Zehn Jahre lang! Dann können die Verantwortlichen im Eigenversuch beweisen, wie ungefährlich das alles ist.

Wie man den perfekten Tag hat

Mein Nachbar Karl-Heinz lebt jetzt nach den neuesten Erkenntnissen der Psychologie und der Medizin. Er frühstückt wie ein Kaiser: 17 Spiegeleier mit Speck dauern etwas, daher geht er erst später zur Arbeit und trinkt dort erst mal fünf Kaffee, um in Gang zu kommen, und ein Glas Rotwein, das stärkt das Herz. Regelmäßige Flüssigkeitszufuhr ist wichtig, also trinkt er gegen elf noch einen halben Liter Bier – der hat sowohl Flüssigkeit als auch Krebsschutz. Nach einem leichten Mittagessen mit etwas Wein und Bier regt er die Produktion des Glückshormons Serotonin an, indem er mit Vorfreude die

Feierabendaktivitäten recherchiert. Als sein Chef die Porno-seiten entdeckt, wird er gefeuert.

Daraufhin gibt's erst mal etwas Kaffee, Wein und Bier, um den Stress auszugleichen. Und einen Joghurt. Wegen rechts-drehend, obwohl niemand weiß, was das ist. Gegen Abend soll man 30 Minuten spazieren gehen. Nach einer halben Stunde merkt er, dass man ja auch noch zurück muss. Erschöpft trinkt er noch ein Bier und zwei Wein.

Gemeinsame Aktivitäten mit einer glücklichen Partnerin sollen das Leben um bis zu acht Prozent schöner machen. Glückliche Nachbarn machen das Leben sogar um 30 Prozent schöner. Karl-Heinz geht auf Nummer sicher und schläft mit allen Nachbarinnen. Das macht merkwürdigerweise seine Frau etwas unglücklich, obwohl sie jetzt ja nicht nur einen glück-lichen Partner, sondern auch glückliche Nachbarinnen hat. Egoistisches Ding! Sie will die Scheidung. Karl-Heinz trinkt zur Stresssenkung noch eine Flasche Wein. Er ist arbeitslos, geschie-den und total blau. Irre, wie ein perfekter Tag nach neuesten wissenschaftlichen Erkenntnissen das Leben verändern kann!

Warum wir uns vor der Pflegemafia hüten sollten

Gelangweilt vom Unterricht träumte ich früher in der Schule, dass ich mich in einen Superhelden verwandelte. Ich beam-te mich in ferne, meist südliche Länder, wo ich interessante, meist weibliche Personen aus Notlagen befreite. Gerade wenn die interessante Person nachfragte, welchen erotischen Trick

Sehen Sie es pragmatisch: Wenn Sie sich selber pflegen, sparen Sie sich den Ärger mit dem Personal!

sie mir zum Dank beibringen dürfe, kam irgendein blöder Lehrer und wollte Banalitäten über Algebra wissen, die ich mit Sicherheit niemals praktisch anwenden würde. Die erotischen Tricks hingegen ...

Wir alle wissen also, wie man Menschen erfindet. Neu ist, dass man mit erfundenen Personen auch Geld verdient. Zuerst waren es Ärzte in Berlin und Brandenburg, die verstorbene Patienten auf dem Papier weiterbehandelten. So schön der Gedanke an ein Leben nach dem Tod ist, so teuer ist er für uns Krankenkassengebührenzahler. In Kreta lebten die ältesten Menschen der Welt – bis rauskam, dass die Angehörigen für längst Verstorbene Rente kassierten. Die Sache flog vermutlich auf, als irgendjemand merkte, dass Sokrates noch Staatshilfen bezog.

In Deutschland ist jetzt eine Pflegemafia aktiv, die sogar noch lebende alte, kranke Pflegebedürftige erfindet. Bei allem Schrecken ist das aber nichts im Vergleich mit Berlin. Dort werden alte, kranke Pflegebedürftige nicht erfunden – sondern alte Pflegebedürftige erfinden im Wahn Dinge wie die „schwarze Null" und versuchen damit, das Land unter ihre Kontrolle zu bringen. Und die Gefahr ist, dass die Leute das dem Schäuble sogar abnehmen! Dann regiert die Pflegemafia in Europa – solche Fantasien habe ich in meinen schlimmsten Algebra-Stunden nicht gehabt!

Warum wir von Weihnachten abhängig sind

Wir Menschen lieben Süßes – doch Obacht! Zucker in Kombination mit Fett macht süchtig. Amerikanische Forscher haben festgestellt, dass die Hirne von zwei entweder mit Heroin oder mit Oreo-Keksen gefütterten Rattengruppen auf dieselbe Art und Weise stimuliert wurden. Derselbe Effekt lässt sich sicher auch bei Weihnachtsgebäck messen. Weihnachten ist also nicht nur das Fest der Liebe – es ist gewissermaßen der Drogenstrich der Zuckerindustrie!

Weltweit werden Menschen durch das „Crystal Meth" der raffinierten Lebensmittelchemie, den mindestens ebenso raffinierten Zucker, zu Sklaven der süßen Sucht. Schon nach wenigen Wochen sind die Sugar-Junkies nicht mehr wiederzuerkennen: Aufgedunsen sitzen sie lethargisch unterm Weihnachtsbaum und schweigen verbissen ihre Verwandten an. Die Parallelen zwischen Heroin- und Weihnachtsgebäck-Abhängigen sind erschreckend. Benötigen Erstere das Spritzbesteck, ist es bei Letzteren das Spritzgebäck. Setzen sich Erstere gerne einen goldenen Schuss, beißen Letztere auf silbernen (Zucker-)Guss.

Gerade Minderjährige werden schon im zarten Kindesalter an-gefixt. Mit den Worten: „Räum dein Zimmer auf, dann kriegst du ein Spekulatius!" ist der erste Schritt Richtung Beschaf-fungsprostitution bereits erfolgt.

Doch wie merkt man, dass man Weihnachtszucker süchtig ist? Ein erstes Zeichen ist sicherlich, wenn man ohne Leb-Kuchen nicht mehr leb-en kann. Kritischer wird's, wenn man gepuderte Plätzchen durch die Nasenscheidewand schnupfen möchte. Und wer sich um des schnelleren Glukosekicks willen Marzipankartoffeln intravenös spritzt, sollte schleunigst eine Entzugsklinik aufsuchen!

Warum Zucker nur Einstiegsdroge ist

Das Leben ist kein Zuckerschlecken", sagt das Sprichwort. Lei-der ist das falsch. Das Leben ist fast nur Zuckerschlecken, denn neuerdings ist überall Zucker drin. Jedenfalls in industriellen Lebensmitteln wie zum Beispiel Dressings, Kartoffelsalaten, einigen Schinken (!), Diätjoghurts und vegetarischen Würs-ten. Über 80 Prozent unseres Zuckerkonsums nehmen wir vermutlich über „versteckte Zucker" zu uns. Das ist scha-de, denn auch ein anderes Sprichwort ist in der Umkehrung richtiger: Vielleicht ist „Rache süß", aber „Süßes rächt sich" auf jeden Fall! Neuere Forschung belegt, dass Zucker süchtig macht, zu Übergewicht, Herzkrankheiten, Diabetes führt und Alzheimer und Krebs begünstigt. Wollte ein Pharmakonzern einen Stimmungsaufheller auf den Markt bringen, der die

Nebenwirkungen von Zucker hat, würde sich selbst eine wohlwollende Behörde querstellen.

Dummerweise verdienen jede Menge Leute sehr gut am Zucker, angefangen von Lebensmittelherstellern bis hin zu Pharmakonzernen und Medizinern. Eigentlich ein geniales Konstrukt: Erst macht man die Leute für viel Geld krank, um sie dann für noch mehr Geld wieder zu reparieren! Oder auch nicht: Ein beachtlicher Teil der jährlich 200.000 Herztoten und etwa halb so vielen Krebstoten in Deutschland könnte mit dem Siegel „Sponsored by Sugar" versehen werden!

Bei Kritik verweist der Hauptzuckerlobbyverband „International Life Sciences Institute" (ILSI) gerne darauf, dass es „keine falschen und keine richtigen Lebensmittel gibt, sondern nur falsche Essgewohnheiten!" Da frage ich mich immer, was wohl passieren würde, wenn ein anderes weißes Pulver, nämlich Kokain, legal wäre und eine starke Lobby hätte, nämlich das „International Energizing Sciences Institute" (IESI). Diese Lobby würde darauf verweisen, dass es in Deutschland jährlich nur etwa 1000 Drogentote gibt, von denen höchstens ein kleiner Bruchteil auf das Kokainkonto geht. Kokain ist also hundert Mal so gesund wie Zucker! Und auch bei den paar Kokain-Herztoten müsse man erst mal schauen, ob die nicht eigentlich zu viel Zucker gegessen hätten ... Und überhaupt gebe es „keine falschen und keine richtigen Stimulanz-Substanzen, sondern nur falsche Konsumgewohnheiten".

Nach und nach würde das Kokain ähnlich wie der Zucker den Lebensmitteln beigemischt (Coca-Cola praktizierte „versteckten Koks" bereits vor hundert Jahren). Noch ein vegetarischer Knacker gefällig, der auch Ausdauer bringt? Oder gleich der Stimulanz-Riegel mit dem fetzigen Spruch: „Koks macht mobil, bei Arbeit, Sex und Spiel!"

Warum Raucher nicht aussterben dürfen

Der Bundesgerichtshof hat Raucher neulich auch auf dem Balkon zu Rücksicht auf ihre Nachbarn verurteilt. Raucher sehen ihre Rückzugsräume weltweit schrumpfen – fast wie eine bedrohte Tierart. Gerüchten zufolge fragte neulich ein Reporter einen Bergsteiger: „Warum haben Sie den Mount Everest so schnell ohne Atemmaske erklommen? Wollten Sie einen neuen Rekord setzen?" „Nein, ich wollte nur endlich mal wieder ungestört rauchen! Aber leider standen in dem gelben Quadrat schon vier Quarzer rum."

Der Raucher wird in nur wenigen Jahren nichts mehr zu dem Thema zu sagen haben: Er stirbt nämlich aus. Letztes Jahr wurden in Deutschland so wenige Zigaretten verkauft

wie noch nie seit der Wiedervereinigung – ein Trend, der seit Jahren anhält. Das ist ganz gut so, denn Rauchen ist in Deutschland immer noch für 100.000 Todesfälle verantwortlich – pro Jahr! Stellen Sie sich mal vor, Islamisten töteten so viele Menschen! Da fielen die allermeisten Moscheen aber blitzschnell irgendwelchen vorgezogenen Osterfeuern zum Opfer! Warum gibt es angesichts dieser Zahlen keine Montags-Demonstrationen? Wir brauchen keine Pegida-, sondern eine PEGEDA-Bewegung: „Passiv rauchende Europäer gegen Einäscherung des Abendlandes!"

Trotz des Absatzrückgangs nimmt der Staat mehr Tabaksteuer ein – diese wird nämlich kontinuierlich erhöht. Der Raucher ist also das letzte Bollwerk gegen die Deflationsgefahr. Bei Fortsetzung dieses Trends wird irgendwann nur noch ein einziger Raucher übrig sein, der aber durch die explodierende Tabaksteuer quasi im Alleingang die ganze Republik finanziert. Lasst uns daher an dieser Stelle Helmut Schmidt ein ganz, ganz langes Leben wünschen!

Warum die Work-Life-Balance unausgeglichen macht

Die Deutschen sind Weltmeister der Work-Life-Balance, las ich neulich. Das bedeutet anscheinend, dass wir im Großen und Ganzen ziemlich viel Asche verdienen, aber trotzdem relativ wenig arbeiten. Die Griechen etwa machen es umgekehrt … „Work-Life-Balance" ist ein sperriger Begriff, einer, mit dem wir uns vor 10-15 Jahren noch überhaupt nicht rumschlagen mussten – er fällt in dieselbe Kategorie wie „Smartphone", „Blu-Ray-Player-Update" oder „Tinder-Schänder". Falls Sie besonders mit dem letzten Begriff Ihre Schwierigkeiten haben, heißt das nichts anderes, als dass Sie vermutlich über 30 sind und/oder einen festen Partner haben. Ein „Tinder-Schänder" ist kein moderner Pädophiler, sondern jemand, der über die Dating-App „Tinder" ständig Menschen des von ihm bevorzugten Geschlechts flachlegt, die sich zufällig in der Umgebung aufhalten …

Damit Sie beim Thema Work-Life-Balance mitreden können, hier ein kleiner Crash-Kurs: Work-Life-Balance beinhaltet ja zwei Dinge – erstens Arbeit und zweitens Leben. Beides muss vorhanden sein, um ein Gleichgewicht herzustellen. Haben Sie keine Arbeit, können Sie den „Work"-Aspekt streichen und sich einfach um die „Life-Balance" kümmern. Die wird dann aber ungleich schwieriger, weil ein Übermaß an Leben viele erschlägt! Haben Sie jedoch Arbeit und kein Leben, gibt es auch dafür einen Fachbegriff: „Burn-out"! Burn-out ist ebenfalls ein neuer Begriff und eine Abkürzung für „Ich-hab-so-dermaßen-die-Schnauze-voll-ihr-könnt-mich-alle-mal-wie-weit-ist-es-noch-zur-Klapse?!"

Es geht also darum, die einzelnen Aspekte des Lebens in ein Gleichgewicht zu bringen – Kenner sprechen hier von

„Life Domains", die ausbalanciert sein sollen (Life-Domains-Balance). Behindern sich die „Life Domains", spricht man von einem „Life-Domains-Konflikt", unterstützen sie sich, handelt es sich um eine „Life-Domains-Facilitation". Begreifen Sie jetzt, warum Ihr Leben nicht funktioniert?

Doch damit nicht genug, gibt es je nach Generation auch unterschiedliche Vorstellungen von Work-Life-Balance: Die „Baby-Boomer" setzen laut Wikipedia auf die Vereinbarkeit von Arbeit und Familie, die nachfolgende „Generation X" (oft auch als Null-Bock-Generation verkannt) will die Balance durch abwechselnde Phasen von Berufstätigkeit und Kindererziehung oder außerberufliche Tätigkeit, und die ab etwa 1977 geborene Generation Y strebt eher danach, die eigene Zeit sinnvoll einzusetzen. Man könnte auch sagen: Die will den Burn-out ohne Umwege!

Sind Sie alleinstehend, ist die Work-Life-Balance noch einigermaßen schlicht, außer natürlich, Sie haben „Tinder-Stress" (siehe oben). Komplexer gestaltet sich das Ganze, wenn eine Familie hinzukommt. Dann multiplizieren sich die „Life-Domains" und jede verlangt Aufmerksamkeit – schnell gleicht die Work-Life-Balance einem gehobenen Jonglage-Act! Letzterer wird zusätzlich erschwert durch das Erscheinen des sogenannten „Work-Life-Balance-Dämonen", bislang noch als „Schwiegermutter" verschrien.

Um ein „Work-Life-Balance-Champion" zu werden, müssen Sie in erster Linie mit Anglizismen um sich schmeißen können. Stellen Sie sich am besten vor, Sie wären „Chief-Junior-Art-Director" einer wahnsinnig angesagten Werbeagentur. Vermeiden Sie ab sofort Bemerkungen wie: „Am Wochenende geht's ins Grüne"! Korrekt wäre: „Zur Re-Etablierung einer ausgewogenen Work-Life-Balance haben Laura und ich decided, eine fresh-air-nature-experience zu consumen."

Lassen Sie – auch um den nervigen Betriebspsychologen

arbeitslos zu machen – nicht zu, dass man Ihnen den Business-Druck anmerkt. Das Wort „Stress" existiert für Sie nicht. Höchstens eine „High Demand Challenge in engen Time-Frames". Auch die braucht natürlich einen Ausgleich. Wo aber Versicherungsmanager sich noch stammelnd für „Nutten und Koks" entschuldigen, spricht der „Work-Life-Balance-Profi" nur von der Notwendigkeit „gut gebauter Lower-Body-Tension-Release-Expertinnen" und „High-Power-Recreations-Stimulanzien!"

Immerhin geht es für Sie auch darum, die Work-Life-Balance zu optimieren, um sowohl aus der Arbeit als auch aus dem Leben das Maximum herauszuholen. Eine perfekte Work-Life-Balance sollte alle Lebensbereiche umfassen. Sie entspannen nicht einfach doof vor sich hin – Sie betreiben „Power-Napping" mit Hypnose-App für höhere Leistung. Selbst etwas so Banales wie ein Stuhlgang wird im Namen der WLB

Work-Life-Balance

„Work" ist Ihnen ja bekannt, aber was bedeutet „Life"... oder „Balance"?

(Work-Life-Balance – müssen wir es wirklich noch ausschreiben? Time is Money! Es geht hier auch um Umweltressourcen, die geschont werden müssen) – wo waren wir? Ach so: Also auch ein Stuhlgang verwandelt sich im Namen der WLB mirakulöserweise in eine „Exkrement-Celebration"!

Erwischt Sie bei der WLB-Disziplin des „Extreme Living" doch noch mal so was wie ein Burn-out, deklarieren Sie ihn kurzerhand um zu einer „Wachstumskrise mit nervösen Zuckungen, na und?! Du solltest dich mal sehen, du Flachwichser! Ich bin hier Leistungsträger, und nein, ich habe die Hotelzimmermöbel nicht mit einer Axt zertrümmert – ich habe ihnen nur neue Entfaltungsmöglichkeiten zugeordnet. Aus dem Chaos werden Sterne geboren, verstehst du? Schau mich nicht so behämmert an, ich kann die Fratze der Borniertheit nicht mehr sehen – mein Problem ist doch, dass ich von Mittelmaß umgeben bin! Wie sagte Diogenes so schön zu Alexander? Geh mir aus der Sonne, ich muss kotzen!"

Sogar die Arbeitslosigkeit muss der WLB-Profi nicht scheuen – er wird dann zum „Born-Again-Fulltime-Relaxer", der die Arbeit aus seinem Leben „outgesourced" hat, um mithilfe eines „Sabbaticals" wieder ganz viel „Life" nachzutanken, dadurch „in seine Kraft" zu kommen und dann „umso aggressiver angreifen" zu können. Alternativ ordnet er sich einfach einer anderen Generation zu, etwa der Generation X, und definiert die letzten 15 Jahre bis zur Rente als eine Phase der Regeneration und des „Hardcore Recyclings", sprich Pfandflaschensammelns!

Gott sei Dank gibt es auch noch eine andere Autobahn zur perfekten Work-Life-Balance: Für Frauen bieten sich ausgedehnte Kaffeestündchen ohne Kalorienzählen an. Männer sollten häufiger mal mit den Kumpels einen saufen gehen und dabei ungehobelt grölen. Und beide sollten das Unwort „Work-Life-Balance" umgehend aus ihrem Wortschatz verbannen.

KAPITEL 6

REICH UND DIGITAL

Wie wir WhatsApp besiegen

Seit Facebook WhatsApp geschluckt hat, ist klar: Das ist eine Sauerei! Jetzt gilt es, diese Datenstaubsauger nachhaltig zu verunsichern, indem man nur Schrott schreibt, sich also so verhält, wie die meisten das schon ganz intuitiv tun! Diese Strategie nennt sich „die App veräppeln". Am besten veräppelt man sie allerdings, indem man zu sichereren Nachrichtendiensten wechselt.

Da wäre beispielsweise die App „Walking+Talking 2.0". Sie kann in allen Parks einer Stadt runtergeladen werden und erfreut sich bei Milliarden Usern weltweit großer Beliebtheit. Die App ermöglicht ein persönliches Gespräch in freier Natur im Rahmen eines Spaziergangs. Achtung: Die Luft, die dort mit erhöhter Geschwindigkeit gegen die Gesichtshaut drängt, ist kein defektes Gebläse eines überdimensionierten Notebooks – es handelt sich um sogenannten „Wind" …

Eine weitere App kommt aus dem buddhistischen Umkreis zu uns: „Shut-Up'n-Smile 3.0" bietet das sogenannte „Schnauze halten und grinsen". Sie ist theoretisch in jedem Hirn abrufbar – viele Menschen finden allerdings den Zugang nicht mehr oder haben das Passwort vergessen. Das ist nicht weiter verwunderlich, weil es gar keines gibt! Passwortfreie Anwendungen sind mittlerweile so undenkbar, dass sie eine revolutionäre Sicherheitstechnologie darstellen!

Am besten veräppelt man die Whatspp-App jedoch, indem man nur noch Unverständliches von sich gibt, also „Gibberish" oder „Wortsalat". Auch diese App ist beliebt: Versuchen Sie bloß mal, die Beratungsprotokolle Ihrer Bank oder Unternehmensstrategiepapiere zu lesen. Oder die Lizenzvereinbarung ihres neuen Betriebssystems …

Warum wir Rechtswedler werden müssen

Datenverschlüsselung – schön und gut, aber im Grunde muss man die Kommunikation komplett verschlüsseln. Wie Hunde es jahrtausendelang erfolgreich taten. Erst kürzlich, etwa 15.000 Jahre nach dem Beginn des Zusammenlebens von Hund und Mensch, fanden Forscher heraus, dass es keineswegs Zufall ist, ob ein Hundeschwanz nach rechts oder nach links wedelt: Rechtswedler sind gut gelaunt, Linkswedler zeigen negative Emotionen an. Bei Männern hat das übrigens keine Relevanz! Hier behaupten sowohl Rechts- als auch Linksträger, hochbegabt zu sein …

Aktive Verschlüsselung gibt es bereits in der Wirtschaft. „Wir planen eine interessante Restrukturierung" heißt: „Die meisten fliegen raus!" Das optimistische „Ein Jahr voller spannender Herausforderungen liegt vor uns" bedeutet: „Es wird

eng, Freunde! Und vor 22 Uhr kommt hier im nächsten Jahr keiner raus, der seinen Job behalten will!" Und „Die Bilanz weist einen temporären Negativ-Saldo auf!" steht für „Wir sind pleite!"

Frauen als das emotional intelligentere Geschlecht verschlüsseln ihre Kommunikation seit jeher. „Rühr mich nicht an!" kann sowohl heißen: „Lass dir was einfallen und sei mein Held!" oder aber auch: „Rühr mich nicht an!" Der bekannte Satz „Ich habe Kopfschmerzen" steht für ein breites Spektrum von Stimmungen, angefangen bei „Aua" bis hin zu „Ich brauch' noch viel mehr Diamanten, um in Stimmung zu kommen!"

Auch die Kanzlerin kommuniziert verschlüsselt, um Spione in die Irre zu führen. „Die Kernkraft ist eine Brückentech-

Entwarnung, Ihr Konto ist wieder aufgetaucht... ich hatte hier nur ein paar Pop-up-Fenster zu viel auf dem Bildschirm!

nologie" steht für: „Wir schaffen das ab, sobald es geht!" Das bekannte Zitat: „Politik heißt nicht, ständig nach dem Wetterhahn auf dem Dach zu schauen, sondern seine Überzeugungen umzusetzen" bedeutet im Grunde: „Ist mir egal, was Seehofer denkt! Aber wie steht eigentlich gerade der Wind?" Und wenn sie sagt „Er genießt mein vollstes Vertrauen", hat ein Minister noch wenige Stunden, um selbst zurückzutreten!

Ach so: der komplexe Merkel-Satz: „Ist doch klar, dass die, die weniger krypto sind, mehr überwacht werden als die, die mehr krypto sind" heißt eigentlich: „Joachim, mein Purzel, ich komm um 16 Uhr heim und mach Streuselkuchen!" Die Kanzlerin ist, wie von einer CDU-Frau erwartet, übrigens eher eine Rechtswedlerin.

Warum Sie dringend ein Update brauchen

Unglaublich!", sagt mein Bruder, „Du hast immer noch kein Full HD-TV? Das musst du unbedingt haben! Atemberaubende Schärfe der Bilder, ein Sound zum Niederknien, knall-poppigbunte Farben, die vor deinen Augen zu explodieren scheinen, eine einzige rauschhafte Erfahrung." In anderen Worten: Wofür man früher einen doppelten LSD-Trip brauchte, dafür reicht heute die Tagesschau! Dank Full HD!

Aber natürlich will ich nicht bei Full HD stehenbleiben, also kauf ich mir auch einen Blu-Ray-Player. Full Cool! „Blu-Ray" ist HD für DVD – auch so ein Satz, für den man vor 30 Jahren in die Klapse eingeliefert worden wäre. Gestern war der große

Tag. Im Rahmen eines total romantischen Kuschelabends will ich meiner Gattin die rauschhafte Erfahrung präsentieren, lege die Blu-Ray ein, drücke auf „Play" und – nichts passiert. Es erscheint nur das kleine Symbol einer CD und dann die niederschmetternde Nachricht: DVD nicht lesbar.

„Kein Problem," sage ich locker zu meiner Holden, „die Idioten vom Videoladen haben mir eine defekte Blu-Ray gegeben. Ich spring kurz rüber und lass mir eine Ersatzscheibe geben." Die Idioten vom Videoladen legen die Blu-Ray in ihr Abspielgerät – sie funktioniert. „Du brauchst ein Update für deinen Player", meinen sie abgebrüht. Ich wieder nach Hause. Die Gattin langweilt sich auf der Couch. „Wir sind fast da", rufe ich betont fröhlich. Ihre Stimmung ist spürbar gedrückt. An diesem Punkt des Abends gibt es zwei Möglichkeiten, mit der Situation umzugehen. Die weibliche Variante: Lass doch den blöden Technik-Krempel, Schatz, wir kuscheln bei einer guten alten DVD, die wir schon x-mal gesehen haben, sinnlich auf der Couch! Und dann die männliche: „Ich lass mich doch von so einer Scheiß-Blu-Ray nicht unterkriegen!"

Ich bin eindeutig Mann. Ich durchforste die Online-Foren nach Update-Hinweisen. Gefühlte 14.000 Foreneinträge später habe ich die Lösung, und keine halbe Stunde vergeht, bis das Update runtergeladen und auf einem Stick gespeichert ist. Triumphierend stöpsele ich den USB ein. Die Dame meines Herzens wirkt mittlerweile so frostig wie eine Polarexpedition. „Gleich sind wir so weit, Liebling", säusle ich beschwichtigend. Der Player erkennt das Update und spielt es ein. Gut, das dauert noch mal 25 Minuten, und dann ist ein Neustart erforderlich, klar.

Kurz vor Mitternacht lege ich die Blu-Ray wieder ein. Sie wird nicht erkannt. An diesem Punkt des Abends erhebt sich mein Liebling und verschwindet mit einem Gemurmel, das verdächtig nach „Vergiss Sex für die nächsten vier Wochen" klingt, im Schlafzimmer. Aber ich bin immer noch Mann, und lass mich immer noch nicht von dieser beknackten Technik unterkriegen. Ich reibe die Blu-Ray an meinem Flanellhemd, bis sie um einige Aluminiumschichten dünner scheint. Endlich funktioniert das blöde Ding. Endlich die rauschhafte Erfahrung, die poppigen Bilder, der LSD-Ersatz.

Der Film ist mies. Der Sex abgeschrieben. Aber ich habe ein technisches Problem erfolgreich gelöst. Was kann ein Mann mehr vom Leben erwarten? Und das Beste: Jetzt gibt es 4K - also vier mal so viel HD wie Full-HD! Extra-Super-Full-HD! Nachrichtensprecherpickel in mikroskopischer Auflösung! Meine Frau wird begeistert sein!

Wer die Eisbären rettet

Die Sicherheitskontrolle des Münchner Flughafens ist verdammt gründlich. „Piieep". Ich hole die Tempo-Taschentücher aus der Hosentasche. Es piept immer noch. Der Einstieg ins Flugzeug naht. Ich fische eine Büroklammer und ein gebrauchtes Taschentuch aus der Hose. Der Metalldetektortyp schickt die noch mal durch den Röntgenapparat. Ich kann mich nicht erinnern, dass mit einem alten Taschentuch und einer Büroklammer schon mal ein Flugzeug entführt wurde, aber diese Typen halten das für möglich. „Leute, mein Flieger geht!" entfährt es mir. „Zwei Stunden vor Abflug hier sein!", bellt der Detektor.

Endlich ist alles durch die Maschine. „Kann ich mal sehen, was in ihrem Rucksack drin ist?" Da ist eine Menge drin, und jetzt reicht es mir. Ich hole alles raus und schmeiße es auf den Tisch. „Ist da die Bombe drin?", schreie ich und deute auf den Tee, „oder da?" Eine Packung Nüsse. „Oder will ich euch hiermit in die Luft sprengen?" – das Netzgerät meines Computers. Die Frau weicht zurück, die Polizisten mit den MPs rücken bedrohlich näher.

Ich realisiere, dass ich den Flug verpasse, wenn die mich jetzt wegen „artfremden Verhaltens" hopsnehmen. Zerknirscht schleiche ich davon. Wer braucht diese Behandlung? Wenn ich stark homo-erotisch veranlagt und masochistisch wäre, ja, dann tackerte ich mir eine Büroklammer an die Weichteile und ließe die hübschen Jungs suchen ...!

Ich nehme mir vor, innerdeutsch nicht mehr zu fliegen. Züge sind ohnehin umweltverträglicher! Vielleicht ist das die wahre Leistung der Sado-Abtaster: Sie bringen Menschen zum Bahnfahren. So kämpfen sie gegen den Klimawandel. Auf einmal betrachte ich sie mit milderen Augen: Die Security-Typen sind Eisbärenretter!

Das Tor zum Jenseits

Als reisender Entertainer muss ich sehr viel in Hotels übernachten und bin überfordert. Ich finde es geschmacklos, von Fernsehern begrüßt zu werden, die sich über meine Anwesenheit freuen! Die erste Viertelstunde auf dem Zimmer verbringt man damit, die Fernbedienung zu suchen, welche in ganz modernen Hotels im Bett eingebaut ist. Zwischen dem elektrischen Verstell-Knopf für das Kopfteil und jenem fürs Fußteil. Solche Betten kannte ich bisher nur aus Pflegeheimen. Ich kam vor nicht allzu langer Zeit im Schlaf auf beide Knöpfe und erwachte morgens zu einem 90-Grad-Winkel gefaltet, weil sich sowohl Kopf- als auch Fußteil hochgefahren hatten. Das wäre

vermutlich glimpflicher ausgegangen, wenn ich nicht auf dem Bauch geschlafen hätte!

Neuerdings muss man in Hotels ganze Tänze aufführen! Angefangen vom „In welchem Winkel halte ich die doofe Magnetkarte an die Tür?"-Tanz über den „Wo ist die verdammte Fotozelle für den Wasserhahn-Calypso" bis hin zum modernen „Lichtschranken-Spitzentanz". Ich habe einmal in einem dunklen Hotel-Badezimmer das komplette Schwanensee-Ballett getanzt, bis mir auffiel, dass der Kippschalter kaputt ist!

Noch mysteriöser ist nur die Rufnummer der Rezeption! Welche wird es sein? Die neun? Die 1000? Die 9000? Ich führte mal ein sehr spannendes Telefonat mit einer Empfangsdame, die am Telefon total erregt wurde und einen Orgasmus hatte! Erst bei der Begleichung der Rechnung fiel mir auf, dass ich statt der 9000 die 0900 gewählt hatte!

Für das Übernachten in modernen Hotels braucht man mindestens einen Bachelor im Studiengang „Hotel-Sleeping". Die ersten Unis führen das jetzt als Pflichtfach im Grundstudium ein. Endlich!

Warum der Mann das Internet gemacht hat

Das Internet geht nicht!" Diesen Satz aus dem Mund der Lebenspartnerin fürchten Männer fast so sehr wie: „Ich verlasse dich!", „Ich bekomme übrigens ein Kind von deinem besten Freund!" oder „Oh, war das Strychnin, das ich da vorhin in deinen Kaffee geschüttet habe?"

„Das Internet geht nicht!" ist ein Satz, der den Mann in der Regel weit weg von daheim erreicht. Auf der Dienstreise, im Urlaub, beim Schürfen nach Diamanten in der Wildnis. Er wird auch nicht als Feststellung gesagt, sondern als Vorwurf. Weiß doch jeder, dass das älteste männliche Familienmitglied für „das Internet" verantwortlich ist! War schon immer so. „Ihr Männer habt das Zeug schließlich erfunden!" lautet die lapidare Begründung.

Frauen (Töchter eingeschlossen) haben eben, Sexismus hin, Sexismus her, häufig keine Ahnung von den Qualen, die das älteste männliche Familienmitglied mit der Recherche nach dem günstigsten Anbieter, der passenden Auswahl der Komponenten und der stundenlangen Warterei in Hotlines verbracht hat, bis „das Internet" einigermaßen lief. Männer wissen, dass

„das Internet" eine zarte Pflanze ist, die mit Bedacht gepflegt sein will. Frauen wissen nur, dass sie grade nicht bis „Brands for Friends" kommen.

„Ich kann überhaupt nicht arbeiten, weil dein Internet nicht geht!" Wie gesagt, der Mann ist natürlich nicht daheim und kann so nicht das tun, was er normalerweise tun würde, um „sein Internet" wiederzubeleben: Router neu booten, Modem neu booten, Telefonleitung checken, stundenlang mit der Hotline telefonieren, still verzweifeln und stoisch den Spott ertragen, den weibliche Familienmitglieder über „das doofe Kabelgewirr unter deinem Schreibtisch" verbreiten.

Zu meiner linken begrüße ich dann Dr. Tolke, vertreten durch sein Smartphone...

Geduldig versucht das älteste Familienmitglied sich als Hotline, beschreibt Farbe und Form des Routers, erträgt Schimpftiraden über „das doofe Kabelgewirr unter deinem Schreibtisch", beschreibt Farbe und Form des Modems und hofft auf Erfolgsmeldung, während das Satellitentelefon in der Wildnis fröhlich sein Konto leert. „Das Internet geht immer noch nicht!" Dann muss der Mann die Suche nach Diamanten und dem tieferen Sinn des Lebens aufgeben und sofort nach Hause eilen, um einer Scheidung wegen nicht funktionierenden Internets zuvor zu kommen. Würden Männer diese Kosten den Anbietern in Rechnung stellen – die Telekom wäre längst pleite!

Warum wir den Bankomaten fürchten sollten

In Düsseldorf klagte ein Mann gegen seine Bank, weil der Bankautomat ihm beim Greifen nach seinem Geld die Finger brach. Aber war das wirklich ein Unfall? Oder handelt es sich bei dem Bankomaten nicht vielmehr um einen intelligenten Prototypen, der Dispo-Überziehungs-Probleme in Eigenregie löst? Gut vorstellbar: Das Geld wird kurz rausgestreckt und blitzschnell zurückgezogen, wenn der Schuldner versucht, danach zu greifen, und während die Finger dem Geld folgen – zack – kracht die Bankomat-Guillotine auf die Greiferchen. Das soll dir eine Lehre sein, Früchtchen! Wahrscheinlich verkünden bald die ersten Bankchefs, dass diese „handfeste" Maßnahme Menschen vor Überschuldung und wirtschaftlichem Ruin schütze …

Schon wieder werden also menschliche Arbeitsplätze kalt-
blütig durch Maschinen vernichtet! Früher schickten Gläubiger
in solchen Situationen Mafia-Schläger, die die Finger noch ei-
genhändig brachen – jetzt erledigen Automaten auch diese
Dienstleistung bar jeglichen Gefühls. –

Das vom Bankomaten exekutierte Strafmaß passt sich übrigens graduell an: Ab 1000 Euro Überziehung wird ein Finger
gebrochen, ab 2000 zwei, bei 10.000 alle. Uli Hoeneß hätte bei
einer Verwendung des Systems durch das Finanzamt also mit
28.500 gebrochenen Gliedmaßen rechnen müssen, sich dafür
aber den Knast erspart. Und sein Knie war ja eh schon kaputt.
Das Gerät ist übrigens vollständig Scharia kompatibel und erfreut sich in der arabischen Welt großer Beliebtheit.

Der „beißende Bankomat" tut aber auch Gutes. In städti-
schen Verwaltungen aufgestellt, schlägt er immer dann zu,
wenn Politiker wieder zu viele Steuergelder für irgendwelche
staatlichen Fehlplanungen abheben möchten! Falls Sie also
Herrn Seehofer demnächst mit verbundenen Händen sehen ...
das ist für „versuchtes Betreuungsgeld".

KAPITEL 7

DER REICHTUM

DES LEBENS

Wie man richtig loslässt

Mehr und mehr Menschen wenden sich fernöstlichen spirituellen Bewegungen zu und besinnen sich der religiösen Tugend des „Loslassens" – mittlerweile einer der Klassiker der Küchenpsychologie. „Da musst du irgendwie loslassen", raten Freunde gerne, wenn man wegen einer gescheiterten Beziehung einen Amoklauf in Erwägung zieht. „Loslassen" gilt als Patentrezept in fast allen Lebenslagen: Verlust, Verspannung, Verstopfung.

Der große Bruder von „Das musst du einfach loslassen" ist „Überleg dir doch mal, was du da so alles festhältst!" Auch so ein Satz, der von Gerichten mittlerweile als legitimes Mordmotiv anerkannt wird. Denn was man da festhält, bleibt häufig im spekulativen Bereich. Und wer weiß, ob es nicht „irgendwie dran ist", vielleicht das „Loslassen" loszulassen und etwas substanzieller einzugreifen – also ein wenig Einsatz zu zeigen (beim Erhalt des Jobs, in der Liebe oder bei der Bekämpfung einer Verstopfung).

Viele Bergsteiger empfinden „Loslassen" sogar als komplett unzumutbar. Dies mag die Geschichte eines Mannes illustrieren, der vor einiger Zeit beim Besteigen eines hohen Berges ausrutschte, sich aber grade noch an einem kleinen Felsvorsprung an der ansonsten glatten und tausend Meter tiefen Bergwand festhalten konnte. Als seine Hilferufe ungehört verhallten und seine Kräfte langsam schwanden, entsann er sich Gottes und begann – obwohl zeitlebens Atheist – zu beten. Auf einmal hörte er eine tiefe, donnernde Stimme: „Lass einfach los, mein Sohn. Du kannst nicht tiefer fallen als in meine Hand!" Der Mann überlegte eine Zeit lang, dann schrie er: „Ist sonst noch jemand da oben?"

Wie Sie überleben

Immer wieder liest man scheußliche Berichte über Menschen, die gewaltsam ums Leben kommen. Übrigens kommen etwa doppelt so viele Menschen durch Mord ums Leben wie durch Krieg. Und 90 Prozent aller Morde sind Beziehungsdelikte. Häufig wird die Frau durch ihren Mann ermordet. Ein Gang durch Kabul ist also wesentlich sicherer als ein Gang zum Altar. Eine Ehe steigert das Risiko, ermordet zu werden, um mehrere hundert Prozent! Oder anders gesagt: Wenn Sie Ihre Tochter vor einem gewaltsamen Ende bewahren wollen, wäre die Lobotomie ihres Schwiegersohns die beste Vorsorge.

Im Gegensatz zum von gewissen reißerischen Medien verbreiteten Eindruck sind Morde allerdings weitaus seltener, als man vermuten würde. Die Gefahr, ermordet zu werden, beträgt nur rund ein Achtel der Gefahr, im Straßenverkehr

umzukommen. Selbst in gewalttätigen, gefährlichen Gegenden, etwa Kenia, Ägypten oder Berlin-Neukölln, droht Ihnen in öffentlichen Verkehrsmitteln höhere Lebensgefahr als durch Mörder. Noch lebensgefährlicher als der Straßenverkehr ist nur noch das eigene Heim! Dort sterben allein infolge häuslicher Unfälle doppelt so viele Menschen wie im Verkehr. (Der innerhäusliche Verkehr als Todesursache ist statistisch nicht ausreichend erfasst, allerdings ist innerhalb des gefährlichen Hauses das Bett bekanntlich der allertodesträchtigste Ort.)

Noch ist Zeit zum Handeln, denn wenn Sie diese Zeilen lesen, leben Sie vermutlich noch. Dann rennen Sie jetzt ins Freie, werfen Sie sich auf die Straße und winken den Unglücklichen zu, die es noch nicht nach draußen geschafft haben. Vermeiden Sie aber Freizeitaktivitäten wie Sport – die sind fast genauso tödlich. Am besten werden Sie gleich obdachlos – dann genießen Sie neben einem drastisch reduzierten Unfallrisiko auch noch die belebende frische Luft und die Ruhe im Park bei einem kreislauffördernden Glas Rotwein. Nehmen Sie im Interesse ihres Kreislaufs vielleicht ein etwas größeres Glas. Ein Zweiliter-Glas!

Der Überlebensirrtum

Ich geh jetzt in den Garten und töte ein paar Dinosaurier!", sagt mein kleiner Neffe neulich zu mir. Ich bin stolz auf ihn, er ist eindeutig Teil meiner Familie und leidet daher unter chronischer Selbstüberschätzung! Damit teilt er das Schicksal der meisten Menschen. Wir schätzen unsere Erfolgsaussichten generell zu rosig ein.

Kein Wunder! Es wird uns schließlich auch ständig vorgegaukelt, dass jeder ein Superstar sein kann. Die Medien sind voll mit Erfolgsgeschichten. Die Forschung nennt es „das Problem der toten Zeugen"! Leute, die keinen Erfolg haben (und das sind weitaus die meisten) kommen gar nicht erst in die Medien, ihre Geschichten will keiner hören. Die Mehrzahl aller Start-Up-Unternehmen verschwindet sang- und klanglos. Die meisten Schauspieler können nicht von ihrem Beruf leben. Die meisten vielversprechenden Investitionen sind Rohrkrepierer. Mit den meisten Büchern verdient der Autor kein Geld.

A propos Bücher: Ganz scheußlich sind die vielen Erfolgsratgeber, die natürlich ausnahmslos von Menschen geschrieben werden, die Glück hatten. Bücher wie „In sieben Schritten zum Liebesglück" (fiktiver Titel) werden garantiert von Typen geschrieben, auf die Frauen sowieso stehen.

Das Gute daran ist: In gewisser Weise sind wir alle extrem erfolgreich. Wenn man an all die Milliarden Spermien denkt, die unbefruchtet sterben und als tote Zeugen durchs Universum treiben, dann ist schon die eine kleine Samenzelle zusammen mit jener weiblichen Eizelle, die uns gezeugt hat, ein unwahrscheinlich seltener Erfolg. Wenn man jetzt noch bedenkt, dass die weitaus meisten Menschen in ziemlich unangenehmen Ländern geboren werden, sind wir noch mal eine Stufe erfolgreicher. Wir leben in Deutschland. Ich finde das klasse! Soziale Sicherheit, medizinische Versorgung, kostengünstige Bildung! Das muss man doch wohl noch mal sagen dürfen: Das ist klasse hier. Wir sind erfolgreich. Wir sind noch am Leben, wir haben es bis hierher geschafft, und Sie haben sogar genug Geld für dieses Buch über.

Und das Tollste: Überall in der Welt hält man uns für unglaublich fleißig! Obwohl wir auch nicht mehr arbeiten als die Griechen! Wie viel Glück kann ein Volk haben, das erst die halbe Welt in Schutt und Asche legt und sich dann an die Spitze der Weltwirtschaft setzt? Kann ich da mal einen kollektiven Freudenschrei hören? Und ja, die Chinesen haben uns überholt, aber bei einem Stundenlohn von 1,50 wird die Euphorie da schon etwas gedämpft! Machen Sie sich das doch mal klar: Sie, ja Sie(!) sind ein globaler Gewinner!

Und was die Dinosaurier angeht, die ja immerhin mehrere hundert Millionen Jahre den Planeten bevölkerten: Die hätten ja auch Erfolgsbücher schreiben können: „Wie wir uns die Erde untertan machten!" Das interessiert heute bloß keinen mehr. Im Augenblick sind wir die Überlebenden. Und mein Neffe kann eigentlich nur deshalb im Garten fiktive Viecher töten, weil die Dinosaurier jetzt tote Zeugen sind!

Wie Sie Behörden in den Griff kriegen

Der Charakter des Waldes und sein Erscheinungsbild werden in erster Linie durch Bäume bestimmt." Dieser poetische Ansatz des saarländischen Umweltministeriums ist zwar Beamtendeutsch, aber trotzdem eine Ausnahme, da verständlich. Normalerweise ist es deutlich schwieriger, auf Augenhöhe mit Beamten zu reden. Hier ein paar Verständnishilfen. Denn wer weiß schon, was eine „bedarfsgesteuerte Fußgängerfurt" ist? Es handelt sich nicht um die bei Bedarf aufklappbare Fußgängerzone von Erfurt (Fußgäng-Erfurt) sondern um eine Ampel, bei der man drücken muss, damit sie umspringt. Bei einer „Bedürfnisprüfung" drückt auch keine Klofrau auf die Blase, um festzustellen, ob man wirklich muss – eine Behörde überprüft bei gewissen Berufen das Vorliegen eines öffentlichen Bedürfnisses.

A propos Behördenprüfung: §5 der Abgabenordnung für Finanzämter lautet: „Ist die Finanzbehörde ermächtigt, nach ihrem Ermessen zu handeln, hat sie ihr Ermessen entsprechend dem Zweck der Ermächtigung auszuüben und die gesetzlichen Grenzen des Ermessens einzuhalten." Im Grunde heißt das nichts anderes als „die Behörde kann machen, was sie will" – aber wer will schon ermessen, was Ermessen alles ermessen kann?

Auch der Tod ist in Deutschland gesetzlich geregelt: „Es ist nicht möglich, den Tod eines Steuerpflichtigen als dauernde Berufsunfähigkeit im Sinne von §16 Abs. 1 Einkommensteuergesetz zu werten und demgemäß den erhöhten Freibetrag abzuziehen." Sagen Sie bitte der nächsten Leiche, der Sie begegnen, dass das mit dem Freibetrag jetzt nix mehr wird!

Auch zwischenmenschlich ist der Staat sehr interessiert. „Ehefrauen, die ihren Mann erschießen" haben nach einer Entscheidung des Bundessozialgerichts keinen Anspruch auf Witwenrente. Schon wieder ein Mordmotiv, das wegfällt. Wobei die fehlende Rente für Mörderinnen auch schwerwiegende soziale Missstände nach sich ziehen kann, quasi Beziehungsmörderinnen-Altersarmut.

Ein Beziehungsende darf es laut Bundesverfassungsgericht nur lebend geben: als „Aus dem grundlegenden Schutz von Ehe und Familie folgt kein Recht auf Beendigung der ehelichen Gemeinschaft durch Suizid eines Ehepartners."

Zum besseren Verständnis von Beamtendeutsch folgt an dieser Stelle ein Schnellkurs: Setzen Sie alles ins Passiv und ersetzen Sie einfache Wörter durch komplexe Wortmonster: „Aufgrund von Freisetzung und der dadurch erfolgten Unmöglichkeit einer Erwerbsobliegenheit ist infolge einer dadurch erfolgten Einkommensbereinigung ein fiskalischer Ausgleich nicht möglich." – zu Deutsch: Ich bin gefeuert und kann keine Steuern zahlen!

„Willst du mit mir schlafen?" Ein Beamter formuliert es so: „Zur Vermeidung von Personenvereinzelung ist nach zustimmungspflichtiger Aufhebung der verkehrsberuhigten Zone unter Aushebelung der Geschlechtsneutralität ein Intimverkehr möglich." Wenn es ganz dringend ist, sollte man so formulieren: Aufgrund physikalischer und biologischer Prozesse ist unter obwaltenden post-koffeinhaltigen Umständen eine Verkotung stante pede immanent – zu Deutsch: Ich muss nach dem Kaffee auf Klo!

Wenn Sie immer noch nicht durchblicken, machen Sie es einfach wie jener Verzweifelte, der sich folgendermaßen mit seiner Versicherung stritt: „Ihre Argumente sind wirklich schwach. Für solche faulen Ausreden müssen Sie sich einen Dümmeren suchen, aber den werden Sie nicht finden!"

Warum wir unsere Hände trainieren müssen

Es gibt Probleme, die so schambeladen sind, so unfassbar und so heimtückisch, dass niemand sie gern anspricht. Probleme, die in keiner Selbsthilfegruppe erwähnt werden, die kein Therapeut behandeln mag und die keine Regierung angeht. Probleme, die uns alle betreffen, die jedoch von den meisten nur mit einem Schulterzucken abgetan werden, obwohl sie imstande sind, unsere Zivilisation in ihren Grundfesten zu erschüttern.

Mancher mag mit Schaudern ahnen, wovon ich spreche: Recyclinggraue Papierhandtücher! Papierhandtücher, die so kratzig sind, dass sie auf zarte Hände wie eine Erotikmassage mit einer Drahtbürste wirken. Papierhandtücher, die so hässlich sind, als stammten sie noch von der DDR-Resterampe. Papierhandtücher, die der viel geplagte Benutzer auf genau zwei Arten aus dem Papierhandtuchspender entfernen kann: entweder als kleinen Fetzen, der sofort in der nassen Hand zerfällt, oder dann anschließend als ganzen Packen, der achtlos in den ohnehin schon überquellenden Papierkorb entsorgt wird. Ökologisch bewusste Menschen versuchen manchmal, die überzähligen Papierhandtücher schuldbewusst wieder zurückzustopfen, was jedoch meist desaströs endet und den Papierhandtuch-Schleudermaschinen noch mehr dieser grauen Monster entlockt.

Im Papierhandtuch offenbart sich das Versagen unserer Zivilisation: Ein einziges Händewaschen vernichtet eine Papiermenge, die der Abholzung eines mittelgroßen Mischwaldes entspricht. Zwar gibt es Alternativen in Form obskurer „Händetrocken-Blasgeräte". Deren Benutzung birgt jedoch ein noch größeres Problem: unglaublichen Zeitaufwand! Im Laufe eines Lebens können so ohne Weiteres Monate zusammenkommen, in denen man nix anderes tut, als die Hände in einer Qi-Gong-Bewegung unter einem Wandfön zu schwenken. Und dabei einen Gehörschaden davonzutragen.

Warum gibt es keine Expertenkommission zu diesem Thema, keine Bundestagsausschüsse oder Runden Tische? Warum werden wir mit „Hände abtrocknen" allein gelassen, wenn selbst der Krümmungsgrad der Gurke bis vor Kurzem streng reguliert war? Tröstlich in diesem Zusammenhang ist einzig die Prophezeiung der Hopi-Indianer: „Erst wenn das letzte Papierhandtuch achtlos neben einen überquellenden Papierkorb geschleudert wurde, werdet ihr merken, dass Hände auch von ganz alleine trocknen!"

Dr. Senkborn war an einem Punkt, wo ihm selbst die Anleinpflicht in öffentlichen Grünanlagen so richtig am Arsch vorbeiging.

Wie mich die Nudel erschlug

Sanft entschlafen" ist Loriot damals, im August 2011 laut Diogenes Verlag. Einen schöneren Tod kann man sich als Komiker nicht wünschen. Besser als „auf der Bühne zu sterben". So nennen wir Komiker es nämlich, wenn wir beim Publikum nicht ankommen. Mich ereilte der Bühnentod vor einigen Jahren. Im Taxi. Und daran war Loriot indirekt schuld!

Wir befinden uns in Gummersbach, Ende 2010. Der Auftritt ist vorbei. Müde sitze ich im Taxi zum Hotel. „Und was machen Sie denn so?", will der übergewichtige Taxifahrer wissen, dessen Nacken aufgrund einer darwinistischen Mutation wegrationalisiert worden zu sein scheint. Ich erkläre, dass ich Kabarettist bin. „Sind Sie komisch?", will er wissen. „Hoffentlich." – „Sind Sie im Fernsehen?" – „Manchmal." – „Aber nicht immer?" – „Nee, nicht immer!" – „Dann sind Sie auch nicht komisch!"

Schön, dass er da so eindeutige Kriterien hat. Wahrscheinlich sind Leute, die immer im Fernsehen sind, wahnsinnig komisch. Nachrichtensprecher etwa. Er reißt mich aus meinen beleidigten Gedanken: „Sie haben da was im Gesicht!" Verunsichert fahre ich mir über die Haut. Er grölt los. „Das kennen Sie nicht, oder? Die Nudel!" Natürlich kenne ich „Die Nudel", aber er ist nicht mehr aufzuhalten und spielt mir den ganzen Sketch vor, um dann nahtlos zu Familie Hoppenstedts Weihnachtsfest zu wechseln. So sehr ich Loriot liebe, bin ich doch der Ansicht, dass der nachgespielte „Loriot-Sketch" als öffentliches Ärgernis einzustufen ist und mit „Loriot-Zitat-Verbot" nicht unter drei Jahren geahndet werden muss. Ohne Bewährung.

Mein Loriot-Experte ist nicht zu bremsen. Die Taxifahrt wird lang und länger. Ich muss mir die gesammelten Werke von Loriot anhören. „Der Mensch ist das einzige Wesen, das im Fliegen eine warme Mahlzeit zu sich nehmen kann!" – „Beim

Krimiautor ist das Böse in guten Händen." Und so weiter. Immer unterbrochen von gegrölten Lachanfällen. Beim Aussteigen ruft er mir noch nach: „Übrigens: Loriot – der ist komisch!"

Deprimiert checke ich im Hotel ein. Auf einmal fällt mir ein, was ich sagen werde, wenn ich ihn das nächste Mal treffe: „Die Ente bleibt draußen!"

Warum ich nicht mehr rumgackere

Wenn ich höre, wie in Politik, Werbung oder bei Facebook kommuniziert wird, fühle ich mich manchmal in meine Kindheit zurückversetzt. Insbesondere erinnere ich mich an die Aufenthalte bei meiner Großmutter. Sie war Ostpreußenflüchtling und musste sich in Niedersachsen ein neues Leben aufbauen.

Aufgrund sehr strikter Erziehungsmethoden musste ich als kleiner Junge Mittagsruhe halten. Ich fand das unnötig, aber als Zweijähriger sieht man sich manchmal fiesen Mehrheiten und mentaler Gewalt ausgesetzt, gegen die man keine Chance hat. Der Schlaf floh mich meist, weil in dem Zimmer, in dem ich ruhen sollte, eine alte tickende Uhr stand. Tick-Tick-Tick-Tick.

Unter der tickenden Uhr liegend plante ich dann immer mein Überleben. Meine Großmutter hatte nämlich einen kleinen Hühnerbetrieb und etwa 150 Hennen. Deren Eier lud sie regelmäßig in ihren kleinen, roten Fiat 500 und verkaufte sie auf dem Markt. Manchmal schlachtete sie auch ein Huhn. Dann raste die 70-Jährige hurtig durch den Hühnerstall, griff sich eines der Federviecher und schlug ihm mit einem Beil blitzschnell den Kopf ab. Heute würde man sagen: Biologisches Schlachten! Damals erfüllte es mich mit abgrundtiefem Schrecken, denn ich dachte: „Moment mal, ich bin auch nicht viel größer als ein Huhn. Und meine Großmutter ist stark kurzsichtig. Wenn ich jetzt noch aus Versehen die falschen Geräusche mache … „Bloß nicht gackern!", lautete damals mein Mantra.

Im Nachhinein war diese Erfahrung sehr wertvoll, denn so lernte ich bereits als Kind, nicht zu gackern. Und vielen Politikern, Wirtschaftsexperten oder Facebookern fehlt diese Erfahrung einfach …

Wenn Affen mitfühlen

Jüngst vergaß ich, den Müll mit runterzunehmen, worum meine Gattin mich gebeten hatte. Daraufhin warf sie mir mangelndes Einfühlungsvermögen vor. Das wollte ich nicht gelten lassen und erwähnte die vielen Studien, die belegen, dass Männer erheblich mehr Empathie empfinden als Frauen. Männer können nämlich etwas sehen und total emotional mitgehen. Vorausgesetzt, es handelt sich um echte Werte wie Fußball und nicht bloß um tote Dinge wie Schuhe!

Das liege daran, führte ich aus, dass Männer mehr „Spiegelneuronen" im Hirn hätten. Diese Spiegelneuronen wurden jüngst in der Großhirnrinde von Rhesusaffen entdeckt. Es handele sich dabei um Nervenzellen, die die erstaunliche Fähigkeit haben, immer gleich zu reagieren, egal, ob ein Affe die Handlung selbst ausführt oder bloß dabei zuschaut. „Typisch", sagte meine Frau, „es wäre völlig unnötig gewesen, hierfür

Rhesusaffen zu quälen – das hätte einem jeder Porno-Produzent bestätigen können!"

Ich fühlte mich etwas gedemütigt und sann auf subtile Rache. Neulich traf ich sie längere Zeit vor dem Spiegel an. Auf meine Frage, was sie dort tue, erwiderte sie, dass sie „ihre Spiegelneuronen trainiere". „Na, hast du nicht vergessen, im Wort Spiegelneuronen das zweite „n" durch ein „s" zu ersetzen?", stichelte ich. Jetzt muss ich nicht nur den Müll runterbringen, sondern auch noch die Wäsche machen. Um, wie sie sagte, meinen Spiegelneuronen- und Empathiemangel zu therapieren!

Wie wir uns noch besser vermarkten

Wir sind umzingelt von Marken, Zielen, Werten, Marketing. Was passiert eigentlich, wenn modernes Marketing Branchen erfasst, die bislang davon verschont waren? Etwa Bordelle. Dann könnte es in einer Mitarbeiter-Motivationsbroschüre heißen: *Im Rahmen einer Neuausrichtung unserer Corporate Culture setzen wir voll und ganz auf Face-to-Face-Marketing mit dem ganz besonderen Human Touch! Wir wollen die Marke „guter Sex" von ihrem Schmuddel-Image befreien und ihr den Platz in unserer modernen Dienstleistungsgesellschaft zukommen lassen, der ihr gebührt.*

Dazu setzen wir auf unsere Werte „sympathisch", „fair", „gemeinschaftlich" und „endgeil". Wir sind eine sympathische Gemeinschaft, die nicht nur fair ist, sondern in der unsere Damen den Begriff „teamfähig" auch praktisch umsetzen und der Begriff „Kundenbindung" handfeste haptische Konsequenzen hat.

Unsere Mitarbeiterinnen beachten modernste Sicherheitsstandards, insbesondere die Verwendung gewisser Gummis, die wir unter der Bezeichnung „Kunden-Orientierter-Neuro-Dermatologischer-Oberflächensicherungs-Mechanismus", kurz K.O.N.D.O.M. vertreiben.

Zur Erkennung gegenwärtiger und zukünftiger Personalrisiken erfolgt die kontinuierliche Durchführung einer bedarfsgerechten Altersstrukturanalyse unseres Unternehmens. Wer zu alt ist, fliegt raus, kann aber nach zielgruppenorientierter Erweiterung der kumulierten Reichweite auf etwa „Doppel D" einen Re-Entry durchführen!

Besonders stolz sind wir auf unser Tochterunternehmen „IRS – International-Reproduction-Services", eine Samenbank, in der wir quasi als „Cross Selling Erträge" bislang entsorgte natürliche Ressourcen für produktive Verwendungszwecke recyceln.

Warum Berlin demnächst noch cooler wird

Um Drogenkonsumenten zu entkriminalisieren und Polizei-kapazitäten für „echte" Verbrechen freizusetzen, soll Berlin jetzt Kiffer-Paradies werden. Quasi die „Ver-Amster-dam-mung" der Stadt, komplett mit Coffee-Shops und so. Das hat Folgen: Der Görlitzer Park verkommt zur menschenleeren Brache, an vereinzelten Stellen findet man noch ausgemergel-te Dealer, die Hasch weit unter Preis anbieten und verzweifelt pharmazeutische Details für die Prüfung zum „Cannabis-Fachverkäufer" büffeln.

Die hohe Kifferdichte in Berlin führt zu noch höheren „Shit-Steuer"-Einnahmen. Eine eigens gestartete „Kiff deine Stadt finanziell gesund"-Kampagne verzeichnet regen Zulauf, ein Bong gehört bald in jeden Zehlendorfer-Patrizier-Haushalt, Tankstellenläden werden durch nächtlichen „Haschhunger" zum Wachstumsmotor der Stadt.

Die staubedingte Durchschnittsgeschwindigkeit auf Ber-lins Straßen von 24 km/h wird von vielen Kiffern als „hek-tisches Treiben" angesehen – Autos schleichen bald mit einer Durchschnittsgeschwindigkeit von tiefenentspannten sieben km/h durch die Stadt, was die Feinstaubbelastung senkt und den Kudamm sowie „Unter den Linden" im wahrsten Sinne des Wortes zu „Europas breitesten Boulevards" macht.

Wer streikbedingt keinen Zug erhascht, wird im Coffee-Shop mit einem Zug Hasch entschädigt! Auch die Flughafenprobleme löst die Stadt elegant mit der CO_2-Verringerungs-Kampagne: „Geht kein Zug und auch kein Flug – im Coffee-Shop fliegst du bald hoch genug!" Da sowieso niemand mehr von Berlin weg will, wird der Flughafen BER zur größten deutschen Marihuana-Plantage umgebaut – dann wächst endlich Gras über die Sache!

Warum die Haie zu nett zu uns sind

Im Roten Meer wurde ein Deutscher von einem Hai getötet. Das ist bedauerlich, wird aber dadurch relativiert, dass jeden Tag Tausende Deutscher sterben, von denen die allermeisten nicht durch Haie massakriert werden! Andersrum sieht es da ganz anders aus – die meisten Haie sterben durch Menschenhand, jedes Jahr etwa 200 Millionen! Angesichts dieser Zahlen grenzt es an ein Wunder, dass die Haie nur durch Zufall mal den einen oder anderen Menschen mit einer Robbe verwechseln und anknabbern!

Geduldige Lämmer sind sie, diese Haie, und eigentlich haben wir ihr Wohlwollen überhaupt nicht verdient. Weltweit sterben durch Hai-Angriffe pro Jahr maximal zehn Menschen (2014 waren es drei!!). Da töten Kühe allein in Deutschland mehr Menschen (vier im letzten Jahr). Trotzdem sehe ich keine Schlagzeilen: „Brandenburgische Killer-Kühe immer aggressiver!" „Schon wieder ein Deutscher mitten in Sachsen von Aggro-Kuh gemeuchelt!"

Haie sind für das Ökosystem Meer unverzichtbar. Und das Ökosystem Meer ist für den Menschen unverzichtbar. Mit anderen Worten: Ohne Haie sterben wir Menschen aus. Wirklich schade, dass echte Haie sich nicht so gut wehren können wie Miet- und Kredithaie!

Danksagungen

Dieses Buch hätte nicht entstehen können ohne die wundervolle Unterstützung meines kreativen Umfeldes. Als Allererstes ist da meine Frau Katja, der ich danke, weil sie mich sensationell bekocht, mir meine Grillen nachsieht und damit leben kann, dass ich stundenlang in irgendwelchen Fantasien abtauche, bloß um irgendwann eine lustige Kolumne in den Händen zu halten. Die wunderbarste Patchwork-Tochter der Welt, Hannah (trotz ihres zarten Alters eine Ikone der Weisheit), liefert großmütig Material, bewahrt einen kühlen Kopf bei spritzenden Wasserleitungen (im Gegensatz zu mir) und gestattet mir ihre Erwähnung. Mein Kreativ-Team, bestehend aus Rudi Bergmann, Alexa Knitter, Markus Henrik und Matthias Hofmeister, steht mir mit Rat und tollem Feedback zur Seite. Ich danke meinem Management URS ART, Urs Wiegering und Dirk Volke für ihre tolle Arbeit! Und meinen Freunden Eckart von Hirschhausen und Robert Griess danke ich für Gastfreundschaft und wertvollen Input. Nicht zu vergessen Andreas Gundlach, ein Gigant am Jazz-Piano, der mich freundschaftlich sowie pianistisch begleitet und anscheinend auch die Abendregie meiner Live-Auftritte übernommen hat! Ich danke weiter der Chefredaktion des Berliner Kuriers, Elmar Jehn und Jan Schmidt sowie dem Ex-Chefredakteur Hans-Peter Buschheuer, die mir freie künstlerische Hand lassen und mich trotzdem im Notfall mit Ideen versorgen! Meinem Bruder Hans-Werner Meyer sowie meiner Schwester Anita, die mich immer aus der Kacke hauen würden und mir zur Seite stehen, gebührt ebenfalls ein Riesendank. Ich danke Konstanze Pamplun für geordnete Verhältnisse und Greta Mörschel für steuerliche Ordnung. Alexander Pruschke und sein Team ergänzen mein Wissen der Finanzwelt und verhindern, dass ich kompletten Blödsinn erzähle. Ich danke allen Politikern und Wirtschaftsbossen, die rund um die Uhr ehrenamtlich für mich tätig sind und mich mit Komödie vom Feinsten versorgen. Am meisten aber danke ich Ihnen, lieber Leser, dass Sie bis hierher gelesen haben – das schafft so viel gutes Karma, da werden Sie bestimmt als Bestseller-Autor wiedergeboren! Danke und – bis bald mal!

Wir können uns treffen auf:
www.chin-meyer.de

Der Autor

Nach einem Erfolg versprechenden Abitur spezialisiert Chin Meyer sich auf das Studium äußerst prekärer Lebensverhältnisse. Da diese im Ausland einfacher zu ertragen sind, pendelt er jahrelang zwischen Indien und Deutschland, jobbt unter anderem als Taxifahrer, DJ, Koch, Heilpraktiker und Butler, bis er am Lee Strasberg Institut in London Schauspiel studiert und eine kurze Karriere als Musical-Sänger wieder abbricht. Eine Zeit lang lebt er erfolgreich vom Roulette-Spiel (bis er alles verliert) und tourt nicht ganz so erfolgreich mit einer Straßentheaternummer namens „Human Juke Box" durch Europa.

Erst als er sich im fortgeschrittenen Alter von 36 Jahren komplett den brotlosen Künsten Kabarett und Improvisationstheater verschreibt, beginnt er ernsthaft Geld zu verdienen.

Er spielt in mehreren Filmen sowie TV-Serien mit und schreibt die ersten Kabarettprogramme. Einen Durchbruch erzielt er als Steuerfahnder im bekannten Restaurant-Theater „Pomp, Duck & Circumstance".

Seither ist er im TV auf den angesagten Kabarett-Formaten vertreten und gern gesehener Talk-Show-Gast. 2010 schrieb und moderierte er im MDR „Spaß aus Studio Eins - Die Chin-Meyer-Show". Mit seinem Bruder, dem bekannten TV-Schauspieler Hans-Werner Meyer und dessen A-Capella-Gruppe „Meier und die Geier" steht er seit Jahren regelmäßig auf der Bühne. Größeren Bekanntheitsgrad erreicht Chin Meyer seit 2011 mit dem millionenfach geklickten YouTube-Hit „Fuselanleihen – eine kabarettistische Erklärung der Finanzkrise" (bei Markus Lanz, ZDF). Sein ultimativer Finanzratgeber „Ohne Miese durch die Krise" (SüdWest Verlag) erschien 2010. Als „Key Note Speaker" der etwas anderen Art wird er häufig bei Konferenzen und Wirtschaftstagungen eingeladen.

Chin Meyer ist seit 2015 Botschafter der „Deutschen Vereinigung Morbus Bechterew", die das Leid von Wirbelsäulen versteifungsbefallener Menschen thematisiert und zu lindern sucht. In seinem Fall versucht er der Starre mit Humor zu begegnen!

„REICHmacher – Reibach sich wer kann" heißt sein aktuelles Kabarettprogramm, mit dem er bundesweit tourt. Er schreibt regelmäßige Zeitungs-Kolumnen für den „Berliner Kurier" und lebt in Berlin.

Der Illustrator

Dirk Meissner wurde 1964 in Aachen geboren. Er lebt als freier Zeichner in Köln, seine Cartoons werden u. a. regelmäßig in der *Süddeutschen Zeitung* veröffentlicht.
www.meissner-cartoons.de

© 2015 Lappan Verlag, Oldenburg

ISBN 978-3-8303-3403-3

Foto Titelseite: Dunja Antic

Lektorat: Nicola Heinrichs

Herstellung: Monika Swirski

Druck und Bindung: Druckerei Theiss GmbH

Printed in Austria

www.lappan.de